Stichwort

Marktwirtschaft

Michaela Wimmer

Originalausgabe

WILHELM HEYNE VERLAG
MÜNCHEN

HEYNE SACHBUCH
Nr. 19/4003

Ein ARIADNE-Buch

Copyright © 1992
by Wilhelm Heyne Verlag GmbH & Co. KG, München
Printed in Germany 1992
Redaktion: Beate Kuckertz
Fachlektor: Dr. Jan Priewe
Grafiken: Michael Lörcher
Umschlaggestaltung: Kaselow-Design
Herstellung: H + G Lidl, München
Satz: Satz & Repro Grieb, München
Druck und Verarbeitung: Pressedruck, Augsburg

ISBN 3-453-05606-X

Inhalt

I.	**Die Grundlagen der Marktwirtschaft**	8
	1. Die Allokation der Ressourcen	8
	2. Markt und Plan	9
	3. Die Soziale Marktwirtschaft	12
II.	**Die Märkte**	14
	1. Die Bedeutung des Marktes	14
	2. Marktformen	16
III.	**Die Marktteilnehmer**	20
	1. Die Nachfrage der Haushalte	20
	2. Das Angebot der Unternehmen	25
IV.	**Der Wettbewerb**	31
V.	**Die Preisbildung**	36
	1. Das Marktgleichgewicht	36
	2. Der Rückgang von Angebot und Nachfrage	40
	3. Die Ausdehnung von Angebot und Nachfrage	42
VI.	**Marktversagen**	44
	1. Die neue soziale Frage: Arbeitslosigkeit	44
	2. Die Konjunkturanfälligkeit	51
	3. Umweltverschmutzung und Ressourcenverschwendung	56
VII.	**Marktwirtschaft und Weltwirtschaft**	60
	1. Absolute und komparative Kostenvorteile	60
	2. Ungleicher Welthandel	63
	3. Die Zahlungsbilanz	65
VIII.	**Geld und Währung**	69
	1. Geldarten und -funktionen	69
	2. Die Banken	71
	3. Die Geldwertstabilität	74
	4. Geldpolitische Instrumente	78
IX.	**Die Volkswirtschaftliche Gesamtrechnung**	88
	1. Der Wirtschaftskreislauf	80
	2. Das Sozialprodukt	82
	3. Das Wachstum	88
X.	**Die wirtschaftliche Entwicklung der Bundesrepublik Deutschland**	90
	1. Das Wirtschaftswunder	90
	2. Die Globalsteuerung	92
	3. Die »Wende«	94
	4. Die gespaltene Wirtschaft	96
	Weiterführende Literatur	99
	Stichwortregister	100

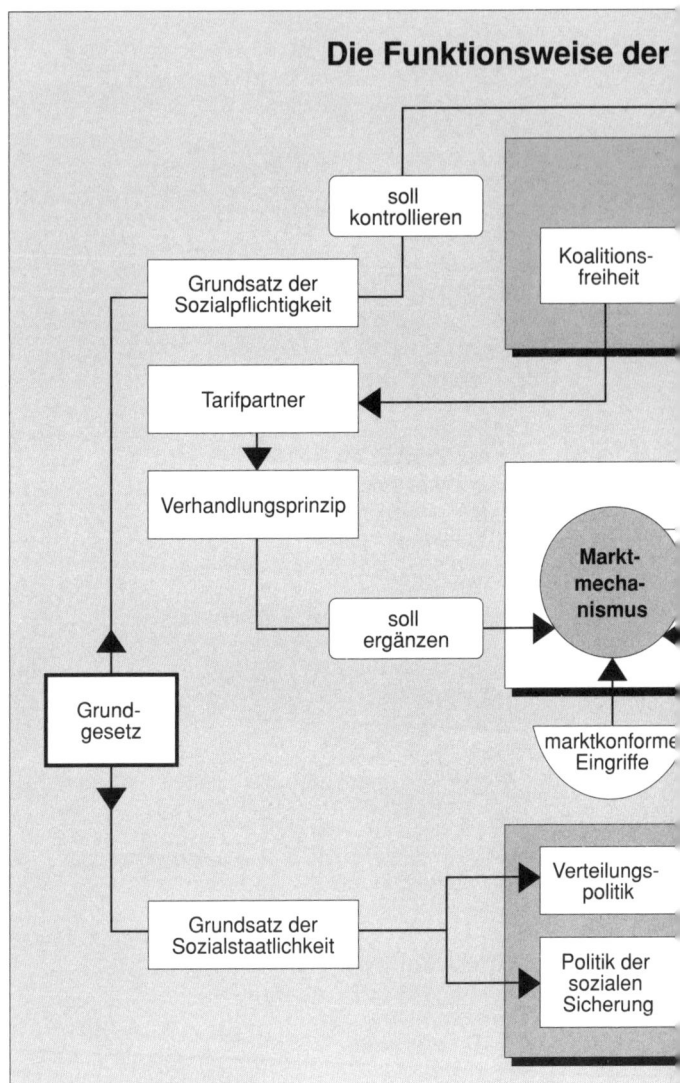

sozialen Marktwirtschaft

irtschaftliche Grundfreiheiten

- freie Konsumwahl
- Gewerbefreiheit
- Freizügigkeit
- Niederlassungsfreiheit
- freie Berufswahl

Freie Nutzung des Privateigentums

soll kontrollieren

soll koordinieren → **Einzelpläne**

Wettbewerb

soll Funktionsfähigkeit sichern

soll korrigieren bzw. ergänzen

soll sichern

Wettbewerbspolitik

Konjunktur- Wachstums- und Strukturpolitik

Wirtschafts- und sozialpolitische Funktionen des Staates

I. Die Grundlagen der Marktwirtschaft

1. Die Allokation der Ressourcen

Jede Gesellschaft der Welt, gleichgültig wie groß oder entwickelt sie ist, muß drei grundlegende wirtschaftliche Fragen beantworten, wenn die Menschen ihren Lebensunterhalt sichern bzw. zu Wohlstand kommen wollen:

1. Was soll produziert werden, d. h. welche Güter in welchen Mengen zu welchem Zeitpunkt?
2. Wie sollen die Güter hergestellt werden, also wo, aus welchen Rohstoffen und mit welchen Techniken?
3. Für wen sollen die Güter produziert und wie sollen sie verteilt werden?

Diese dreiteilige Fragestellung nennt man in der Ökonomie das Problem der »Allokation der Ressourcen« oder auch *Lenkungsproblem*. Unter Allokation der Ressourcen versteht man den Einsatz und die Zuteilung der verfügbaren Mittel, die eben nicht unbegrenzt vorhanden und beliebig einsetzbar sind. Sie werden auch als *knappe Güter* bezeichnet. Ein Problem ist die Allokation deswegen, weil dieser Einsatz von Mitteln zur Erreichung eines bestimmten Zieles in der Regel nur auf Kosten anderer Ziele möglich ist. Nützt man beispielsweise den Boden zum Bau einer Autobahn, ist derselbe Boden für die Landwirtschaft verloren. Auf welche Weise nun die Allokation der Ressourcen am besten, sprich am effizientesten, erfolgt, darüber scheiden sich die Geister. Denn bei der Beantwortung der drei Grundfragen sind viele Variationen denkbar und ihre möglichen Lösungen sind bis heute Gegenstand ideologischer und politischer Auseinandersetzungen.

Idealtypisch kann man das Problem auf zweifache Weise anpacken: Werden sowohl die Produktion als auch die Verteilung der Güter zentral von einer Stelle aus geplant und gelenkt, nennt man diese Wirtschaftsform *Zentralverwaltungs- oder Planwirtschaft*. In der Regel ist es der Staat bzw. eine staatliche Behörde, die in diesem Fall entscheidet, was, wie und für wen produziert wird. In einer kleinen Gesellschaft kann dies auch eine einzelne Person sein. Auch hier müßte man streng genommen von einer Planwirtschaft sprechen. In der zweiten, entgegengesetzten Version bestimmen die vielen Wirtschaftssubjekte einer Gesellschaft unabhängig voneinander, was sie wann herstellen und verbrauchen möchten und wie sie dies bewerkstelligen. Der Staat ist in diesem Fall nur eines von vielen Wirtschaftssubjekten. Die Koordination der zahllosen Einzelpläne erfolgt über den Markt, genauer über den Preis der Güter, mit dessen Hilfe Angebot und Nachfrage aufeinander abgestimmt werden. Unter dieser Version dezentraler Planung und Marktlenkung versteht man die *Marktwirtschaft*.

2. Markt und Plan

Die Wurzeln der modernen Marktwirtschaft reichen zurück bis zu den klassisch-liberalen Ordnungsvorstellungen des ausgehenden 18. und beginnenden 19. Jahrhun-

---

Wirtschaftssubjekte

Die Wirtschaftssubjekte einer Volkswirtschaft werden in drei Hauptgruppen unterteilt: die privaten Haushalte (HH_p), die öffentlichen Haushalte (HH_{St}), und die Unternehmen (U).
Ziel der Haushalte ist die *Wohlfahrtsmaximierung*.
Ziel der Unternehmen ist die Gewinnmaximierung.

derts, als das Bürgertum begann, von den absolutistischen Feudalherren wirtschaftliche Freiheiten einzufordern. Der Engländer Adam Smith (1723–1790) gilt als der geistige Urheber des Marktmodells. Er war der Überzeugung, daß alle Menschen einem ökonomischen Prinzip folgen, demzufolge sie ständig bestrebt sind, mit einem bestimmten Aufwand einen möglichst großen Ertrag *(Maximalprinzip)* und/oder einen bestimmten Ertrag mit einem möglichst geringen Aufwand *(Minimalprinzip)* zu erzielen. Derart rationales Verhalten, so dachte Smith, würde auf freien Märkten zu einem ausgeprägten Wettbewerb und der Wettbewerb wiederum automatisch zum größtmöglichen Wohlstand für alle führen. Sein Modell wurde in der Folge oftmals korrigiert, da der Wohlstand trotz insgesamt großer Fortschritte extrem ungleich verteilt war. Denn der Marktprozeß führt dazu, daß diejenigen, die bereits Vermögen oder Produktionsmittel besitzen, relativ mehr dazu gewinnen als diejenigen, die nichts

Marktwirtschaft und Planwirtschaft

Wichtigste Ordnungselemente		*Wichtigste Ordnungselemente*
dezentrale Planung mit marktwirtschaftlicher Koordination	**Möglichkeiten der Planung in einer Volkswirtschaft**	zentrale Planung mit administrativer Wirtschaftsführung
Privateigentum Persönliches Eigentum	**Eigentumsformen**	Gesellschaftliches Eigentum (Staatseigentum und Genossenschaftliches Eigentum)
Erwirtschaftung eines Gewinns	**Produktionsziele von Unternehmen**	Erfüllung eines bestimmten Planes
Preisbildung auf dem Markt	**Möglichkeiten der Preisbildung**	Preisfestsetzung durch den Staat

> **Wirtschaftsordnung**
>
> *Wirtschaftssysteme* bezeichnen ganz allgemein bestimmte Ordnungsmodelle, denen ein einheitliches Koordinationsprinzip oder andere einheitliche Strukturmerkmale zugrunde liegen. So nennt man alle die Wirtschaftssysteme, deren Koordinationsprinzip der Markt-Preis-Mechanismus ist, marktwirtschaftliche Systeme. Die Wirtschaftsordnung umfaßt dagegen die konkrete Ausgestaltung der Wirtschaft durch Rechts- und Verhaltensnormen sowie Institutionen. So ist beispielsweise die marktwirtschaftliche Ordnung der USA eine andere als die Japans, weil ihre Normen- und konkrete Organisationsstruktur ganz unterschiedlich sind. Die *Wirtschaftsverfassung* ist schließlich ein noch engerer Begriff: Sie bezieht sich allein auf die wirtschaftlich relevanten Rechtsregeln eines Staates.

haben bzw. nur ihre Arbeitskraft anbieten können. Eine schrankenlose Marktwirtschaft ohne regulierende Eingriffe tendiert dazu, sich selbst aufzulösen, indem immer weniger Unternehmen immer mehr Marktmacht und Vermögen hinzugewinnen, bis im Extremfall nur noch ein gigantisches Unternehmen übrigbleibt und der Wettbewerb zerstört ist.

Doch auch die Verfechter der Planwirtschaft, die gehofft hatten, durch zentrale Planung der Produktion eine gerechtere Verteilung des Wohlstandes zu erreichen, wurden enttäuscht: Jede Planungsbehörde scheint hoffnungslos überfordert, wenn es darum geht, bei der Existenz von Millionen sich ständig wandelnder Produkte, bei sich laufend ändernden Produktionstechniken und Konsumentenwünschen sozusagen im voraus eine Harmonie zwischen Angebot und Nachfrage herzustellen. Weder die

Markt- noch die Planwirtschaft konnten deshalb jemals in Reinform verwirklicht werden. Bei den Wirtschaftsordnungen der Gegenwart handelt es sich immer um Mischsysteme, die entweder mehr in die eine oder in die andere Richtung tendieren.

Auch wenn die theoretischen Modelle oft nur wenig mit der ökonomischen Wirklichkeit zu tun haben, sind sie dennoch von großer Bedeutung: Ohne die theoretischen Grundlagen wären nämlich überhaupt keine Aussagen über ökonomische Zusammenhänge möglich. Berücksichtigt man die Abweichungen in der Praxis, dienen sie allerdings weiterhin als Anhaltspunkt und Leitbild für Entscheidungen im Wirtschaftsalltag. Trotz vielfältiger staatlicher Eingriffe in das Marktgeschehen, die dem strukturellen, konjunkturellen oder dem sozialen Ausgleich dienen können, spricht man also zusammenfassend von einer Marktwirtschaft, wenn Art und Umfang der Produktion sowie die Verteilung der Produktionsergebnisse primär über den Markt und die dort erfolgende Preisbildung gesteuert werden.

3. Die Soziale Marktwirtschaft

Nach dem Zweiten Weltkrieg wurde in der Bundesrepublik die Soziale Marktwirtschaft eingeführt. Mehr noch als andere marktwirtschaftlich organisierte Staaten des Westens, wie beispielsweise Großbritannien oder die USA, hat sich die Bundesrepublik damit vom klassisch-liberalen, also dem von staatlichen Eingriffen weitgehend freien Marktwirtschaftsmodell entfernt. Nur wenige konnten sich unmittelbar nach dem Krieg vorstellen, angesichts der unvorstellbaren Not überhaupt auf staatliche Lenkung und Zuteilung zu verzichten. Daß sich die Soziale Marktwirtschaft in Westdeutschland schließlich durchsetzte, ist nicht zuletzt dem Engagement Ludwig Erhards (1897–1977) zu verdanken. Er wird deshalb oft als »Vater der Sozialen Marktwirtschaft« bezeichnet, obwohl es eigentlich Alfred Müller-Armack (1901–1978) war, der die theoretischen Grundlagen dieser besonderen Version der Marktwirtschaft erarbeitet hatte.

Ziel der Sozialen Marktwirtschaft ist es, die Wirkungsweise des freien Marktprozesses mit sozialer Gerechtigkeit, d. h. mit sozialen Ausgleichsmaßnahmen zu verbinden. Ein Anspruch, der in der Wirtschaftsgeschichte der Bundesrepublik Deutschland immer wieder zu Konflikten zwischen den Anhängern von mehr Markt und denen von mehr Staat geführt hat. Zwar ist in Artikel 20 I des Grundgesetzes das Sozialstaatsprinzip verankert, doch hat man damals bewußt darauf verzichtet, die Wirtschaftsordnung hier näher zu konkretisieren. Unter anderem mit Hilfe des Bundesverfassungsgerichtes versucht man seitdem, das Spannungsfeld zwischen individuellen wirtschaftlichen Freiheitsrechten und staatlichen Eingriffen zu definieren. Demnach kann der Staat marktwirtschaftliche Prozesse dort ergänzen oder korrigieren, wo sie versagen oder zu unerwünschten gesellschaftlichen und sozialen Ergebnissen führen. Das heißt, der Staat greift bei Entlassungen oder zu geringem Einkommen, bei allgemeiner Arbeitslosigkeit, bei drohendem Untergang ganzer Branchen, bei Umweltverschmutzung usw. durch Arbeitslosenunterstützung, Beihilfen, staatliche Aufträge, Bürgschaften u.ä. ein oder begrenzt den Markt durch Auflagen und Gesetze. Nach herrschender Lehrmeinung darf von staatlicher Seite aber keine umfassende Wirtschaftslenkung betrieben werden, die das Privateigentum an Produktionsmitteln, die Unternehmerinitiative oder die Berufs- und Vereinigungsfreiheit in ihrer Substanz aufheben würde.

II. Die Märkte

1. Die Bedeutung des Marktes

In einer Marktwirtschaft planen die Wirtschaftssubjekte, also die Millionen Haushalte und Unternehmen, selbständig und zunächst unabhängig voneinander, was sie produzieren und konsumieren möchten. Selbstverständlich wollen die Produzenten und Konsumenten ihre Pläne auch durchsetzen: Sie entfalten ein Angebot und/oder eine Nachfrage nach Gütern. Der »Ort«, an dem sich Anbieter und Nachfrager treffen, ist der Markt. Dort bringen sie ihre Pläne zur Abstimmung. Der Laie denkt bei dem Begriff »Markt« wohl zuerst an den Wochenmarkt, auf dem Obst, Gemüse und andere Lebensmittel verkauft werden. In der Ökonomie ist der Markt allerdings nicht nur ein bestimmter Ort in der Stadt, sondern ein abstrakter Begriff für das Zusammentreffen von Angebot und Nachfrage. In der Fachsprache versteht man unter einem Markt die Gesamtheit aller *Tauschbeziehungen* zwischen Anbietern und Nachfragern eines Gutes oder einer Gruppe von Gütern.

Jeder Tausch ist also Markt, auch wenn sich Anbieter und Nachfrager niemals wirklich gegenübergestanden haben, weil der Handel beispielsweise nur am Telephon vereinbart wurde und das Produkt nicht einmal den Ort gewechselt hat (z. B. am Rohstoffmarkt). Von Tauschbeziehungen oder auch *ökonomischen Transaktionen* spricht man immer dann, wenn Güter oder Forderungen von einem Wirtschaftssubjekt auf ein anderes übergehen. Unter einer *Forderung* versteht man wiederum ganz allgemein einen Anspruch ihres Inhabers (des Gläubigers bzw. des Verkäufers) gegenüber einem Schuldner, also dem Käufer, für den dieser Anspruch eine *Verbindlichkeit*

> **Güter**
>
> Die im Produktionsprozeß entstandenen und am Markt angebotenen Güter kann man nach mehreren Gesichtspunkten unterteilen. Zum Beispiel nach ihrer physischen Qualität in *Sachgüter* (Kleidung, Möbel usw.) und in *Dienstleistungen* (Haarschnitt, Steuerberatung, Transportdienste u. ä.). Man unterteilt sie aber häufig auch nach ihrem Verwendungszweck in *Investitionsgüter, Vorleistungen* und *Konsumgüter*. Investitionsgüter sind dauerhafte Produktionsanlagen wie Werkshallen, Maschinen, Computer usw., die im Produktionsprozeß eingesetzt werden. Vorleistungen nennt man die Güter und Leistungen, die bei der Herstellung anderer Güter verbraucht werden, also beispielsweise das Futter für Zuchtvieh oder die Dienste des Tierarztes. Die Konsumgüter sind schließlich die »Endprodukte«, die der Bedürfnisbefriedigung der Haushalte dienen. Ihre Bereitstellung ist letztlich der Zweck allen Wirtschaftens.

darstellt. Im Gegensatz zu früher werden heute nur noch in den seltensten Fällen Waren direkt gegen andere Waren getauscht. In modernen Wirtschaftssystemen ist es üblich, Waren gegen Forderungen zu tauschen, was nichts anderes heißt, als daß mit Bargeld, mit Scheck, per Überweisung o. ä. bezahlt wird. Geld ist in diesem Fall nur eine besondere Form von Forderung. Der Käufer (Schuldner) hat seine Verbindlichkeit getilgt, wenn der Verkäufer den vereinbarten Betrag vollständig erhalten hat. Häufig werden aber auch nur noch Forderungen gegen Forderungen getauscht, z. B. an den Wertpapierbörsen.

Es gibt sehr unterschiedliche Ansätze, die unzähligen Märkte, die es nach dieser Definition gibt, zu gliedern. Eine besonders naheliegende Version ist die Unterteilung nach den einzelnen Gütern, die auf diesem Markt gehandelt werden. So gibt es den Ölmarkt, den Automarkt, den Gebrauchtwagenmarkt, den Weinmarkt oder den Wohnungsmarkt und viele mehr. Man kann solche Märkte aber auch in größere Gruppen zusammenfassen: die Öl-, Gold- oder Platinmärkte beispielsweise zum Rohstoffmarkt, die Geld-, Kredit- und Aktienmärkte zum Kapitalmarkt oder die Wein-, Getreide- und Viehmärkte zum Agrarmarkt. Eine gängige Unterteilung ist auch die in Gütermärkte und Faktormärkte, das sind Märkte für die sog. *Produktionsfaktoren* Arbeit, Boden und Kapital. Zu den Faktormärkten zählt also auch der Arbeitsmarkt, auf dem Arbeitskräfte angeboten und nachgefragt werden. Allerdings nimmt der Arbeitsmarkt eine Sonderstellung unter den Märkten ein, da menschliche Arbeitskraft nicht ohne weiteres wie eine Ware gehandelt werden kann. Arbeitskräfte können weder beliebig eingesetzt noch getauscht werden. Der Arbeitsmarkt wird aufgrund seiner Besonderheit im Kapitel VI näher betrachtet.

2. Marktformen

Eine ganz andere Bedeutung haben Märkte dann, wenn man das Augenmerk nicht auf die Güter, sondern auf diejenigen richtet, die dieses Gut anbieten oder nachfragen. So können die vielen Gütermärkte auch danach unterschieden werden, wie viele Anbieter und/oder Nachfrager es für dieses Gut gibt. Preis und Qualität des Gutes können entscheidend davon abhängen. Gibt es auf einem bestimmten Gütermarkt entweder nur einen Anbieter oder aber nur einen Nachfrager, spricht man von einem *Monopol*, sind es wenige, ist es ein *Oligopol*, bei vielen schließlich ein *Polypol*. Im letzten Fall herrscht vollkommene *Konkurrenz*. Insgesamt können neun solche Marktformen unterschieden werden; ihre genaue Bezeichnung geht aus der Grafik hervor.

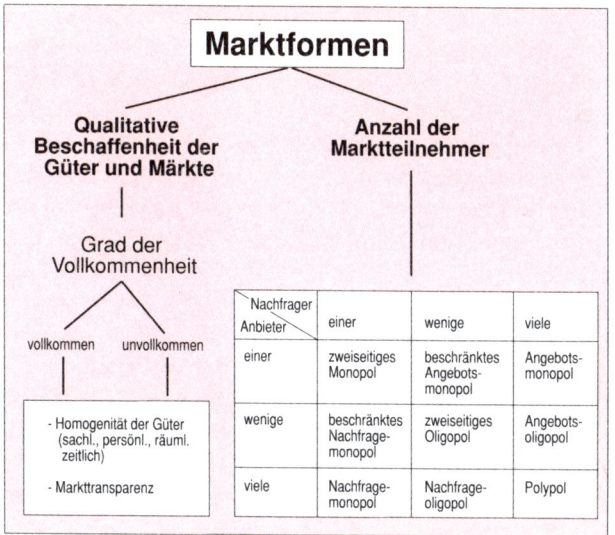

Konkurrenz – im Sinne des leistungssteigernden Wettbewerbs – herrscht in Deutschland z. B. auf dem Bekleidungsmarkt, wo sehr viele verschiedene Firmen ihre Produkte anbieten. Besonders häufig ist in modernen Volkswirtschaften aber auch das Angebotsoligopol, in dem nur relativ wenige Anbieter vielen Nachfragern gegenüberstehen. Die Auto-, Benzin- und die Zigarettenindustrie sind Beispiele für eine solche Marktform. Angebotsmonopole widersprechen dem marktwirtschaftlichen Gedanken und sind deshalb eigentlich verboten. Doch es gibt viele Ausnahmen (siehe dazu auch Kapitel IV). Auch einige staatliche Unternehmen treten als Monopolisten auf: im Brieffernverkehr z. B. die Deutsche Bundespost. Die Bundeswehr als Nachfrager für Rüstungsgüter wäre ein Beispiel für ein Nachfragemonopol. Märkte, auf denen nur wenige Nachfrager auftreten, sind in der Praxis wiederum häufiger zu finden, beispielsweise für spezielle medizinische Präparate oder für Hubschrauber. Ein zweiseitiges Monopson gibt es eigentlich nicht, allenfalls auf dem Arbeitsmarkt, wo im Rahmen der Tarifverhandlungen jeweils eine Gewerkschaft einem Arbeitgeberverband gegenübersteht.

Häufig herrschen auf bestimmten Gütermärkten auch nur vorübergehend oligopolistische oder gar monopolistische Verhältnisse, nämlich immer dann, wenn ein neues Produkt auf den Markt kommt. So lange, bis andere Unternehmen ebenfalls die Produktion dieses Gutes aufnehmen, kann die »Erfinder«-Firma den Markt alleine beliefern. Ob neue Kosmetikartikel oder Computerprogramme, die Vorteile einer solchen Monopol- oder auch Oligopolstellung für die Anbieter liegen auf der Hand: Vorausgesetzt das Produkt ist bei den Nachfragern begehrt, können die Anbieter die Preise ihrer Güter mangels Konkurrenz sehr hoch ansetzen. Außergewöhnliche Gewinne sind sogar dann üblich, wenn die Technik des neuen Produkts noch nicht voll ausgereift ist oder die Qualität zu wünschen übrigläßt. Andererseits fördern solch große Gewinnspannen in der Einführungsphase eines neuen Produktes die Innovationsbereitschaft der

Innovation

Unter Innovation versteht man ganz allgemein die Schaffung von etwas Neuem. Dabei muß es sich nicht zwangsläufig um eine Erfindung, also etwas absolut Neues handeln. Auch wenn bereits existierende Produkte oder Produktionsverfahren neu kombiniert werden oder eine neue Anwendung finden, ist dies eine Innovation. Die Innovationsbereitschaft und -fähigkeit von Unternehmen gelten als Signal für ihren künftigen Erfolg im Konkurrenzkampf mit anderen, aber auch für die Leistung einer Volkswirtschaft insgesamt.

Unternehmen und damit die Leistung der Volkswirtschaft.

Hinsichtlich der Beschaffenheit der Güter und ihrer Märkte kann man schließlich zwischen vollkommenen und unvollkommenen Märkten unterscheiden. Ein Markt gilt als vollkommen, wenn folgende Voraussetzungen erfüllt sind:

1. Die auf diesem Markt gehandelten Güter werden von den Tauschpartnern als völlig gleichartig (homogen) angesehen, mithin haben sie weder sachliche, persönliche, räumliche oder zeitliche Präferenzen für ein bestimmtes Gut dieses Marktes.
2. Es herrscht Markttransparenz, somit sind sämtliche Marktteilnehmer zu jedem Zeitpunkt vollständig über die Marktbedingungen informiert.

Auf einem vollkommenen Markt gäbe es folglich nur einen einheitlichen Preis, da die Nachfrager bei homogenen Gütern und transparenten Märkten sofort zu dem billigeren Produkt abwandern würden. In der Realität sind jedoch alle Märkte unvollkommen, d. h., die Güter eines Marktes (z. B. des Kfz-Marktes) sind eben nicht völlig gleichartig und die Marktteilnehmer nicht vollständig über alle Preise, Angebote usw. informiert. Am Grad der Unvollkommenheit eines bestimmten Marktes kann man jedoch abschätzen, welchen Spielraum ein Anbieter (oder Nachfrager) hat, wirtschaftliche Macht zu entfalten.

III. Die Marktteilnehmer

Angebot und Nachfrage eines bestimmten Gutes treffen auf dem Markt zusammen. Während jedoch die Haushalte, also die Nachfrager, bestrebt sind, durch den Konsum von Gütern ihren Wohlstand zu mehren, trachten die Unternehmen – die Anbieter – danach, durch die Produktion von Gütern den höchstmöglichen Gewinn zu erzielen. Aufgrund der unterschiedlichen Interessen und Erwartungen ist es sehr unwahrscheinlich, daß Angebots- und Nachfragepläne von Anfang an übereinstimmen. Erst durch ständige Korrekturen wird möglicherweise eine Übereinstimmung erreicht.

1. Die Nachfrage der Haushalte

Welche Menge eines bestimmten Gutes ein Haushalt konkret nachfragt, hängt von vielen Faktoren ab: von den persönlichen Präferenzen, also der individuellen Nutzeneinschätzung des Gutes (die allerdings nicht selten von der Werbung manipuliert ist), vom laufenden Einkommen, vom Vermögen und Sparwillen, vom Preis dieses Gutes, vom Preis anderer Güter und von bestimmten Erwartungen über die künftige Markt- und Einkommensentwicklung.

Abgesehen von der persönlichen Bedürfnisstruktur, sind diese Faktoren vom einzelnen kaum beeinflußbar. Sowohl die Güterpreise als auch die regelmäßigen Einkommen und Vermögen stehen in der Regel fest und können kurzfristig zumindest nicht beliebig verändert werden. Wie wirken sich nun diese Variablen auf die Entscheidungen der Haushalte aus?

Zunächst zum Preis des Gutes: Im Normalfall werden sich die Haushalte um so eher zum Kauf eines Gutes

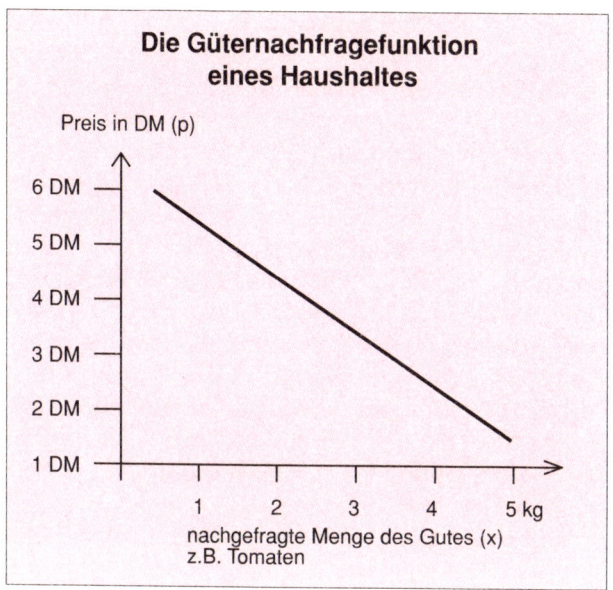

entschließen bzw. um so größere Mengen nachfragen, je niedriger der Preis ist. Gibt es mehrere gleichartige Güter (z. B. verschiedene Tomatensorten) von übereinstimmender Qualität auf dem Wochenmarkt, wird der Käufer in der Regel das billigste wählen. In der folgenden Grafik wird dieser Zusammenhang deutlich: Die Nachfragekurve fällt mit steigenden Preisen ab. Dies muß nicht zwangsläufig geradlinig geschehen.

Aber nicht nur die aktuellen Güterpreise, sondern auch erwartete zukünftige Preise können die Kaufentscheidung der Haushalte und damit die nachgefragte Menge entscheidend beeinflussen. So steigt jeweils blitzartig die Nachfrage nach Heizöl und Benzin, wenn die Konsumenten eine Preis- oder Steuererhöhung erwarten. Andererseits wird die Kundin den Kauf eines gewünschten Kleides noch hinauszögern, wenn der Schlußverkauf günstigere Preise verspricht.

Auch das Angebot anderer Güter kann sich unter Umständen auf die Nachfrage nach einem bestimmten Gut auswirken. Hierbei zeigen die Haushalte unterschiedliche Reaktionen, je nachdem, ob sich die Güter ergänzen oder ersetzen. Sich ergänzende, in der Fachsprache *komplementäre Güter*, wären beispielsweise Videorecorder und -cassetten. Steigt die Nachfrage nach Recordern, steigt in der Regel auch die Nachfrage nach Cassetten. Sich ersetzende bzw. *substitutive Güter* sind dagegen Zucker und Süßstoff, Butter und Margarine usw.. Steigt aufgrund entsprechender Werbung beispielsweise die Nachfrage nach Süßstoff, sinkt die Nachfrage nach Zucker. *Indifferente Güter* wie Strampelhosen und Paprika haben dagegen nichts miteinander zu tun, und eine Änderung der Nachfrage nach dem einen hat keinerlei Einfluß auf die Nachfrage des anderen Gutes.

Abgesehen von gewissen Grundgütern, auf die kein Haushalt verzichten kann, ist die Nachfrage nach den unterschiedlichen Gütern selbstverständlich abhängig vom Einkommen des Haushaltes. Es läßt sich feststellen, daß mit steigendem Einkommen die nachgefragte Menge zunächst bei fast allen Konsumgütern zunimmt. Die Mengenzunahme setzt sich jedoch nicht beliebig fort, weil der Bedarf zu einem bestimmten Zeitpunkt gesättigt ist. So wird sich ein Haushalt bei gestiegenem Einkommen möglicherweise ein zweites oder drittes Fernsehgerät anschaffen, dann aber kein weiteres mehr, auch wenn das Einkommen weiter steigt. Die Sättigungsgrenze ist bei einigen Gütern (z. B. Brot) früher erreicht, bei anderen (z. B. Reisen) später. Nimmt das Einkommen weiter zu, wird gespart.

Es gibt aber auch Güter, deren Verbrauch bei steigendem Einkommen eingeschränkt wird, z. B. Kartoffeln, die mit zunehmendem Wohlstand in Deutschland von Teigwaren abgelöst wurden. Man nennt solche Güter *inferiore Güter*. Andererseits gibt es Güter, die erst ab einer bestimmten Einkommensgrenze nachgefragt werden (z. B. Sportwagen). Sie heißen *superiore Güter*.

Es gibt in der Ökonomie keine sicheren Erkenntnisse über die Bedürfnisstruktur oder Nutzeneinschätzung von Haushalten. Man geht allerdings von der Annahme aus, daß mit steigender Verbrauchsmenge eines bestimmten Gutes, der *Grenznutzen*, d. h. der jeweils hinzugewonnene Nutzen einer weiteren Einheit dieses Gutes, für den Verbraucher abnimmt. Unter Nutzen versteht man hier die Befriedigung, die ein Gut beim Konsum verschafft. Zwar steigt der persönliche Nutzen bei weiterem Verbrauch absolut weiter an, doch der Nutzen der jeweils letzten Einheit des Gutes wird im Verhältnis zur vorangegangenen immer geringer. Man bezeichnet diesen Sachverhalt auch als *Erstes Gossensches Gesetz*.

So ist beispielsweise der Besitz eines Wintermantels für jeden Menschen von großem Nutzen, auch ein zweiter oder dritter Wintermantel mag für einige wichtig sein, doch der Nutzengewinn nimmt beim Kauf jedes weiteren Wintermantels ab. Dasselbe gilt für Radiogeräte, Schuhe, Möbel, Reisen usw.. Geht man davon aus, daß ein Haushalt nur über ein begrenztes Budget verfügt, so bringt der steigende Konsum eines Gutes (Wintermäntel) in der Regel den verminderten Konsum eines anderen Gutes (z. B. Pullover) mit sich. So ist eine Hausfrau unter Umständen bereit, für den Kauf eines Wintermantels auf den Kauf von fünf Pullovern zu verzichten. Nach dem Gesetz des abnehmenden Nutzenzuwachses würde sie allerdings für einen zweiten Wintermantel nur noch vier und für einen dritten Mantel nur noch zwei Pullover »opfern«. Das heißt, die Hausfrau ist in abnehmendem Maße bereit, Pullover durch Wintermäntel zu ersetzen, je mehr Wintermäntel sie bereits besitzt, bzw. je weniger Pullover ihr noch zur Verfügung stehen. Man geht hierbei davon aus, daß jeder Haushalt einen bestimmten Mindestkonsum aller Güter wünscht. Die Hausfrau wird also auf den Kauf eines zweiten Wintermantels verzichten – es sei denn die Preise für Wintermäntel sind so stark gefallen, daß sie umgerechnet tatsächlich nur auf vier Pullover verzichten muß, um den Mantel zu erhalten.

Die optimale Güterkombination ist entsprechend der erwähnten Gesetzmäßigkeiten dann erreicht, wenn die Grenzrate der Substitution dem umgekehrten Güterpreisverhältnis entspricht. Ein Haushalt hätte in diesem Fall seinen Gesamtnutzen maximiert, sein Verbrauchsplan wäre optimal.

Angenommen die Hausfrau hat zugunsten ihres ersten Wintermantels im Wert von 100 Mark auf fünf Pullover à 20 Mark verzichtet. Die Grenzrate der Substitution beträgt in diesem Fall 5 (Pullover) : 1 (Mantel), also fünf. Das umgekehrte Güterpreisverhältnis beträgt wiederum 100 Mark (Mantel) : 20 Mark (Pullover), also ebenfalls fünf, womit die Frau die für sie optimale Güterkombination erreicht und ihren Nutzen maximiert hat. Wenn sie zugunsten eines zweiten Wintermantels auf nur noch vier Pullover verzichten will – das entspräche einer Grenzrate von 4 (Pullover) : 1 (Mantel) = 4 – würde dieses Ergebnis nicht mit dem umgekehrten Preisverhältnis 100 : 20 = 5 übereinstimmen. Die Frau sollte in diesem Fall die Pullover vorziehen. Wird jedoch im Winterschlußverkauf der Preis des Mantels auf 80 Mark reduziert, sollte sich die Frau wiederum für den zweiten Mantel entscheiden, vorausgesetzt die Preise der Pullover sind nicht auch gefallen, denn die Grenzrate der Substitution (4 (Pullover) : 1 (Mantel) = 4) entspricht erneut dem umgekehrten Güterpreisverhältnis (80 Mark : 20 Mark = 4).

Faßt man die Nachfragepläne der zahllosen Haushalte zusammen, so erhält man die *gesamtwirtschaftliche Nachfrage* nach einem bestimmten Gut. Es ist offensichtlich, daß die gesamtwirtschaftliche Nachfrage von denselben Faktoren beeinflußt wird wie die individuelle Nachfrage. Allerdings ist hier nicht nur die absolute Höhe des Einkommens der Bevölkerung von Bedeutung, sondern auch seine Verteilung. Erhalten beispielsweise ärmere Bevölkerungsgruppen durch bestimmte Steuergesetze mehr Einkommen, wird die gesamtwirtschaftliche Nachfrage nach hochwertigen Nahrungsmitteln steigen, obwohl sich die Einkommenssumme der Bevölkerung insgesamt nicht verändert hat.

2. Das Angebot der Unternehmen

So wie die einzelnen Haushalte einer Volkswirtschaft kurz- oder langfristig planen, welche Güter sie konsumieren, so erstellen die Unternehmen für einen bestimmten Zeitraum Produktions- und Kostenpläne, damit das für sie optimale Ergebnis erzielt werden kann. Dabei muß die Maximierung des Gewinns nicht zwangsläufig an erster Stelle der Unternehmensziele stehen: es kann dem Unternehmen auch um die Erhöhung des Umsatzes, die Sicherung oder den Ausbau seines Marktanteiles oder auch nur um den puren Erhalt des Betriebes gehen. Doch der Einfachheit halber unterstellt man allen Unternehmen das Ziel der Gewinnmaximierung.

Unter Produktion versteht man im technologischen Sinne die Umwandlung von Produktionsfaktoren *(Input)* in Güter *(Output)*.

In jeder Planungsperiode muß das Unternehmen u. a. entscheiden, welche Mengen der unterschiedlichen Güter es herstellen möchte (Wahl des Produktionsprogrammes) und welche Produktionsfaktoren – Arbeit, Boden und Kapital – es in welchen Mengen einsetzen will (Wahl des Produktionsverfahrens). Die Unternehmen gehen von bestimmten Erwartungen über künftige Entwicklungen aus, nach denen sie ihre Pläne ausrichten. Gleich den Haushalten müssen sie dabei auch bestimmte Sachverhalte beachten, die sie unter Umständen nicht beeinflussen können.

> **Gewinn**
>
> Laut Definition ist der Gewinn die Differenz zwischen Umsatz und Kosten. Der Umsatz oder Erlös eines Unternehmens errechnet sich wiederum als Wert der verkauften Güter, also aus dem Produkt aus Menge und Preis. Gelingt es beispielsweise einem Sportgeräthersteller, 10 000 Tennisschläger zum Preis von je 200 Mark und 20 000 Fußbälle zum Preis von je 100 Mark zu verkaufen, so macht das Unternehmen einen Umsatz in Höhe von vier Millionen Mark. Verursachte die Herstellung der Tennisschläger und Fußbälle Kosten in Höhe von drei Millionen Mark, z. B. für Rohstoffe, Mieten, Löhne, Maschinen, Transport usw., so kann das Unternehmen einen Gewinn in Höhe von einer Million Mark verbuchen.

Entscheidend ist selbstverständlich die Ausgangslage des Unternehmens, also sein Bestand an Gebäuden, Maschinen und Arbeitskräften verschiedener Qualifikation. Wichtig sind für den Produktionsplan aber auch die produktionstechnischen Kenntnisse und die Verfügbarkeit von Kapital für Investitionen. Welcher Output, d. h., welches Angebot nun tatsächlich realisiert wird, hängt – abgesehen von der betrieblichen Ausgangslage – noch von zahlreichen anderen Größen ab, z. B. von dem am Markt erzielbaren Preis der Güter.

In den marktwirtschaftlichen Modellannahmen geht man davon aus, daß ein einzelnes Unternehmen aufgrund der großen Konkurrenz keinen oder nur wenig Spielraum hat, den Marktpreis der erstellten Güter zu beeinflussen. Würde ein Unternehmen beispielsweise Tennisschläger zu sehr viel höheren Preisen anbieten als die, die bereits in ähnlicher Qualität auf dem Markt sind, könnte – so die Theorie – der Absatz auf Dauer nicht gesichert werden, weil die Konsumenten die preisgünstigeren vorziehen würden. Tatsächlich ist der Spielraum jedoch oft viel größer als im Modell angenommen. Unabhängig davon, ob der Marktpreis eines Produktes innerhalb eines gewissen Rahmens beeinflußt werden kann oder ob er als gegebene Variable hingenommen werden muß, wird ein Unternehmen verständlicherweise um so größere Mengen anzubieten versuchen, je höher der erzielbare Preis des Gutes und damit der erzielbare Umsatz ist. Wie in der Grafik deutlich wird, verläuft die Angebotskurve der Nachfragekurve deshalb genau entgegengesetzt. Mit steigenden Preisen steigt die Angebotskurve positiv an. Allerdings muß auch hier die Kurve nicht linear verlaufen.

Vor Produktionsbeginn muß sich ein Unternehmen zudem überlegen, welche Mengen eines bestimmten Produktes auch tatsächlich absetzbar sind. Wird die Nachfrage überschätzt, bleibt das Unternehmen auf seinen

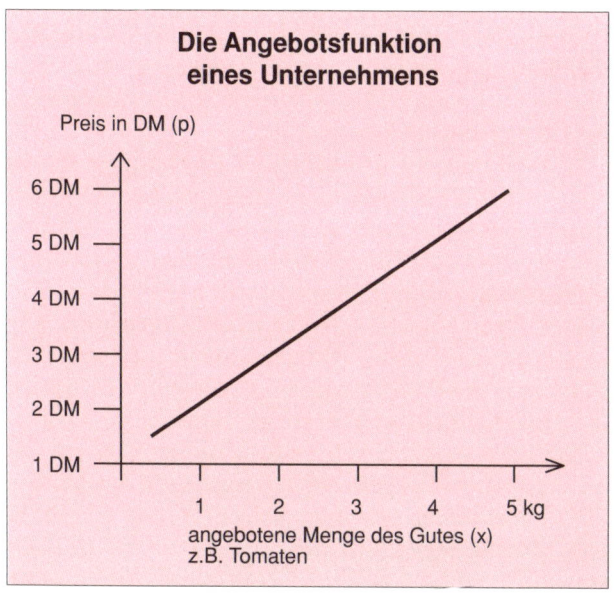

Produkten sitzen oder muß sie zu Schleuderpreisen verkaufen. Ob es sich für ein Unternehmen lohnt, die Produktion eines bestimmten Gutes aufzunehmen oder gar auszudehnen, hängt natürlich auch von den Produktionskosten, d. h. von den Kosten/Preisen der Produktionsfaktoren ab. Für seine Planung muß das Unternehmen wissen, wie sich die Änderung eines Produktionsfaktors auf die Produktionsmenge auswirkt, um entsprechend handeln zu können. Setzt man beispielsweise den Arbeitseinsatz mit der Produktionsmenge in Beziehung, so läßt sich feststellen, daß zwar mit vermehrtem Arbeitseinsatz auch die Produktionsmenge absolut steigt, daß aber der Produktions- oder auch Ertragszuwachs pro zusätzlich eingesetzter Arbeitseinheit immer geringer wird, und zwar um so mehr, je mehr Arbeitskräfte bereits eingesetzt sind. Dies gilt allerdings nur für den Fall, daß alle anderen Produktionsfaktoren unverändert bleiben. Erwirtschaftet beispielsweise ein Bauer auf einem Hektar Land mit einer bestimmten Menge Saatgut und Düngemittel eine bestimmte Erntemenge Weizen, so wird sich der Weizenertrag nicht einfach verdoppeln, wenn er eine weitere Arbeitskraft einstellt.

Dasselbe gilt aber auch für andere Produktionsfaktoren wie Rohstoffe, Gebäude oder Maschinen. Man spricht in diesem Zusammenhang vom *Gesetz des abnehmenden Ertragszuwachses*. Umgekehrt ergibt sich daraus, daß mit zunehmender Produktionsmenge ein mengenmäßig immer größerer Einsatz von Produktionsfaktoren notwendig ist, um eine zusätzliche Produktionseinheit zu erzeugen. Bei steigender Produktionsmenge steigen folglich auch die zusätzlichen Kosten überproportional an.

Addiert man schließlich die *fixen Kosten*, d. h. die von der Produktionsmenge unabhängigen Kosten wie Mieten, Zinsen u.a. zu den *variablen Kosten*, die mit steigender Produktionsmenge zunehmen, erhält man die *Gesamtkosten*.

Es deutet sich bereits an, daß eine schlichte Ausweitung der Produktion nicht unbedingt von Vorteil ist, weil die Kosten überproportional ansteigen und damit bei konstanten Güterpreisen den Gewinn schmälern können. Welches ist also die optimale Produktionsmenge, bei der der Gewinn für das Unternehmen am größten ist? Es liegt auf der Hand, daß das Unternehmen eine bestimmte Mindestmenge produzieren muß, bevor es überhaupt die Gewinnschwelle überschreitet. Entstehen einer Schreinerei beispielsweise fixe Kosten in Höhe von 2000 Mark für Miete, Strom und Telephon, muß sie mindestens 10 Schränke à 200 Mark oder 200 Stühle à 100 Mark produzieren, um allein die fixen Kosten zu decken. Rechnet man die Kosten für Holz und Arbeitsleistung hinzu, erhöht sich entsprechend die Mindestproduktion, bei der zwar noch kein Gewinn, aber zumindest auch kein Verlust mehr gemacht wird. Die optimale Produktionsmenge ist allerdings noch nicht erreicht. Optimal ist die Menge, bei der für das Unternehmen der Umsatzzuwachs mit dem Kostenzuwachs identisch ist.

Unter Umsatzzuwachs, auch *Grenzumsatz* genannt, versteht man die Änderung des Umsatzes pro zusätzlicher Produktionseinheit, unter Kostenzuwachs bzw. *Grenzkosten* die Änderung der Gesamtkosten pro zusätzlicher Produktionseinheit. Die ideale Produktionsmenge hat ein Unternehmen also dann erreicht, wenn Grenzumsatz und Grenzkosten gleich sind. Hat das Unternehmen die Gewinnschwelle überschritten, kann es seinen Gewinn durch eine Ausweitung der Produktion so lange steigern, wie der Umsatzzuwachs größer ist als der Kostenzuwachs. Haben Umsatz- und Kostenzuwachs den gleichen Wert erreicht, sollte die Produktion nicht weiter ausgedehnt werden. Ab diesem Punkt würde nämlich der Kostenzuwachs den Umsatzzuwachs übersteigen und damit den Gewinn wieder schmälern.

Da aber der Umsatzzuwachs pro verkauftem Gut genau

dem Preis entspricht, den die Käufer für das Gut bezahlen, kann sich das Unternehmen auch am Marktpreis orientieren. Ist der Kostenzuwachs geringer als der Marktpreis, den das Unternehmen für sein Produkt erhält, kann es die Produktion noch ausdehnen. Produziert es dagegen über die optimale Menge hinaus, kostet jede weitere Einheit mehr, als sie einbringt.

Hier wird deutlich, wie stark ein Unternehmen auf veränderte Faktorpreise reagieren muß. Steigen in einem Zeitraum die Preise der Produktionsfaktoren, also beispielsweise die Preise für Rohstoffe und Maschinen oder aber die Löhne der Arbeitskräfte, so erhöhen sich selbstverständlich auch die Kosten für das Unternehmen. Will das Unternehmen weiterhin seinen Gewinn maximieren, muß es entweder seine Produktion reduzieren oder aber versuchen, höhere Produktpreise durchzusetzen. Umgekehrt kann es bei sinkenden Faktorpreisen seine Produktion ausdehnen, da die gewinnmaximale Produktionsmenge gestiegen ist.

Faßt man die Produktions- bzw. Angebotsmengen aller Einzelunternehmen, die ein bestimmtes Gut herstellen, zusammen, erhält man die *gesamtwirtschaftliche Angebotsfunktion*.

IV. Der Wettbewerb

Wenn auch vollständige Konkurrenz auf einem Gütermarkt selten ist und fast immer Einschränkungen vorliegen, bleibt der Wettbewerb entscheidende Voraussetzung für jede Marktwirtschaft: Wo kein Wettbewerb herrscht, gibt es auch keine echte Marktwirtschaft.

Wirtschaftlicher Wettbewerb hat zunächst eine rein instrumentelle Funktion: Er sorgt dafür, daß das Gewinnstreben der einzelnen in Aktivitäten mündet, die der optimalen Güterversorgung aller Nachfrager dient. Der Wettbewerb fördert die Leistungsbereitschaft der Wirtschaftssubjekte, er erhöht aber auch den Leistungsdruck. Aufgrund der Notwendigkeit, sich gegenüber den anderen Marktteilnehmern in Vorteil zu bringen oder zumindest durchzusetzen, führt der Wettbewerb zu einer qualitativen und quantitativen Verbesserung des Angebots von Gütern und Dienstleistungen.

Nur aus der Rivalität der Unternehmen untereinander resultiert der Zwang, sich mit Hilfe günstiger Preisangebote, durch bessere Produktqualität, bessere Zahlungs- und Lieferbedingungen oder zusätzliche Serviceleistungen hervorzutun. Wie in Kapitel II erwähnt, fördert der Wettbewerb die Produkt- und Verfahrensinnovation in den Unternehmen. Der Wettbewerb zwingt auch zur Rationalisierung, um Kosten zu sparen, und damit in bestimmten Grenzen zum sparsamen Umgang mit gesamtwirtschaftlichen und knappen Ressourcen. Indirekt lenkt der Wettbewerb die Produktionsfaktoren dorthin, wo sie – gemessen an den Verbraucherwünschen – am dringendsten gebraucht und am produktivsten eingesetzt werden. Man sagt deshalb, der Wettbewerb fördere die Anpassungsflexibilität der Produktionsfaktoren.

Selbstverständlich gilt das Wettbewerbsprinzip auch

im internationalen Bereich. Hält ein Land ausländische Konkurrenten durch offenen oder versteckten Protektionismus von seinen Märkten fern, verkleinert sich die angebotene Produktpalette und die Güterpreise steigen (siehe auch Kapitel VII).

So wichtig der Wettbewerb für eine Volkswirtschaft ist, für die einzelnen Unternehmen ist der Leistungsdruck, der vom Wettbewerb ausgeht, äußerst unbequem. Wenn irgend möglich, werden sie deshalb versuchen, den Wett-

Unternehmenskonzentration

Unter Konzentration versteht man die Ballung wirtschaftlicher Größen einschließlich der Verfügungsmacht über Produktionsmittel. Die *horizontale Konzentration* beschreibt das relative Wachstum eines oder mehrerer großer Unternehmen zu Lasten der kleinen innerhalb einer Branche oder Produktgruppe. Die Vereinigung zahlreicher Zeitungen, Zeitschriften, Buchverlage und Privatsender innerhalb eines Medienkonzerns wäre ein Beispiel für die horizontale Konzentration. Eine *vertikale Konzentration* liegt vor, wenn sich Unternehmen unterschiedlicher Produktionsstufen zusammenschließen, beispielsweise solche Unternehmen, die Kohle fördern, und solche, die Stahl erzeugen. Eine *diagonale Konzentration* bezeichnet schließlich den Zusammenschluß von Unternehmen, deren Angebot produktionstechnisch nicht miteinander verbunden sind, deren gemeinsamer Absatz aber möglicherweise sinnvoll ist – so z. B. der Zusammenschluß von Fluggesellschaften und Hotelketten. Ein Zusammenschluß kann durch Beteiligung am Kapital anderer Unternehmen entstehen *(Konzerne)* oder aber durch die Verschmelzung zweier Unternehmen zu einem neuen *(Fusion)*.

bewerb auszuschalten oder wenigstens einzuschränken, um sich dem Druck zu entziehen und höhere Gewinne zu erwirtschaften, als dies unter Wettbewerbsbedingungen möglich wäre. Diese »Anschläge« auf die Wettbewerbsordnung reichen von mündlichen oder schriftlichen Preisabsprachen über die Abstimmung der Produktpalette und die Aufteilung von Absatzgebieten bis hin zur Unternehmenskonzentration.

Wird der Wettbewerb eingeschränkt, leidet darunter die Leistungsfähigkeit der Wirtschaft. Mangels Konkurrenz verringert sich der Innovationsdruck, es werden weniger neue Produkte und Produktionsverfahren entwickelt. Die Anpassungsprozesse dauern länger. Die Unternehmen können es sich leisten, schlechtere Produkte zu höheren Preisen anzubieten, als dies unter Wettbewerbsbedingungen möglich wäre, da sie nicht befürchten müssen, daß ihre Kunden zur Konkurrenz abwandern. Großunternehmen, die den Markt beherrschen, können kleinere Unternehmen vom Markt verdrängen, den Marktzugang für neue Unternehmen blockieren, und sie können Händler und Zulieferer zu Preisen und Bedingungen zwingen, die im Wettbewerb nicht durchsetzbar wären.

Als Folge der Konzentration werden einzelne Unternehmen immer mächtiger, der Wettbewerb immer mehr eingeschränkt. Auch die politische Macht, die solche Großkonzerne gewinnen, darf nicht unterschätzt werden. In der Bundesrepublik ist es deshalb Aufgabe des Staates, im Rahmen seiner Ordnungspolitik den Wettbewerb zu sichern. Seit 1957 gibt es ein *Kartellgesetz*, offiziell »Gesetz gegen Wettbewerbsbeschränkungen«, das wettbewerbsbeschränkende Absprachen *(Kartelle)* – von einigen Ausnahmen abgesehen – verbietet. Die vorbeugende Fusionskontrolle kam erst 1973 hinzu: Demnach muß die Fusion zweier oder mehrerer Unternehmen bekanntgegeben werden, wenn durch den Zusammenschluß ein Marktanteil von mehr als 20 Prozent erreicht wird oder

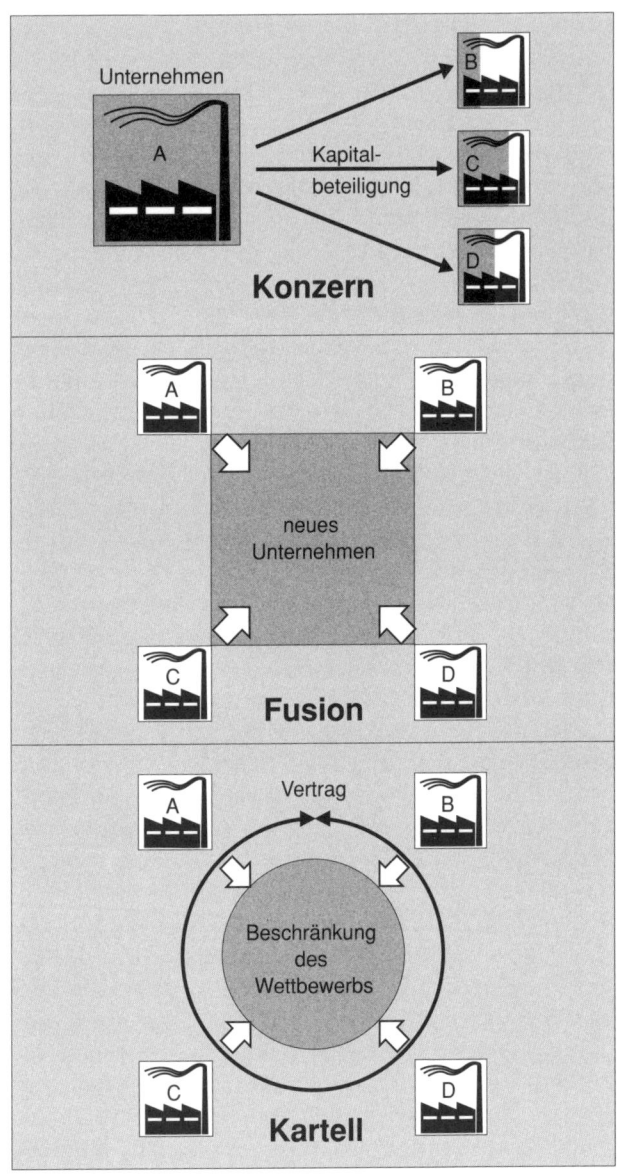

die beteiligten Unternehmen vor dem Zusammenschluß mindestens 10 000 Beschäftigte oder mindestens 500 Millionen Mark Umsatz im Jahr hatten. Wenn durch diesen Zusammenschluß eine marktbeherrschende Stellung erreicht wird, muß das Kartellamt dieses Vorhaben verbieten.

Wie jedoch die »Elefantenhochzeit« von Daimler Benz und MBB 1989 gezeigt hat, gibt es wiederum Ausnahmen: dann nämlich, wenn entweder die Unternehmen nachweisen können, daß die verbesserten Wettbewerbsbedingungen nach dem Zusammenschluß die Nachteile der Marktbeherrschung überwiegen, oder aber wenn der Bundeswirtschaftsminister ausdrücklich die Erlaubnis erteilt, weil er gesamtwirtschaftliche Vorteile oder ein überragendes Interesse der Allgemeinheit vermutet.

Derzeit ist der Wettbewerb weit weniger durch Kartellabsprachen als durch die Unternehmenskonzentration gefährdet.

Technologische und ökonomisch-finanzielle Zwänge sind mit ein Grund, daß sich auf einem Markt oft nur noch wenige Unternehmen behaupten können.

Marktbeherrschung

Von Marktbeherrschung spricht man erstens dann, wenn ein Unternehmen einen Marktanteil von mindestens einem Drittel hat und der Umsatz im letzten Geschäftsjahr 250 Millionen Mark oder mehr betrug; zweitens, wenn drei oder weniger Firmen zusammen die Hälfte oder mehr des Marktes kontrollieren und jeweils mindestens 100 Millionen Mark Umsatzerlös erzielten und drittens, wenn fünf oder weniger Unternehmen zwei Drittel oder mehr des Marktes beherrschen und ebenfalls jeweils mindestens 100 Millionen Mark Umsatz hatten.

V. Die Preisbildung

1. Das Marktgleichgewicht

Wie in Kapitel III dargestellt, richten sich Angebot und Nachfrage unter Wettbewerbsbedingungen vor allem nach den Marktpreisen. Sind die Preise für ein bestimmtes Gut zu einem Zeitpunkt besonders niedrig, stellt dies für die Haushalte einen Anreiz dar, größere Mengen dieses Gutes nachzufragen. Für die Unternehmen ist der niedrige Preis bei niedrigen Gewinnen oder gar Verlust dagegen Signal, die Produktion dieses Gutes zu reduzieren, also das Angebot einzuschränken. Andererseits sorgen hohe Preise bei hohen Gewinnen für eine Ausdehnung des Angebots, während die Haushalte ihre Nachfrage vermindern.

In der Marktwirtschaft richten sich aber nicht nur die angebotene und die nachgefragte Menge nach den Preisen, sondern die Preise richten sich umgekehrt auch nach den angebotenen und nachgefragten Mengen. So ist beispielsweise Bademode nach einem verregneten Sommer ausgesprochen billig, weil das Angebot sehr groß, die Nachfrage aber sehr gering war. Ist das Angebot eines Gutes dagegen niedrig, beispielsweise frische Früchte im Winter, steigen die Preise. Die Preise bleiben hoch, bis sie in der Erntezeit wieder fallen.

Es deutet sich bereits an, daß es zwischen diesen gegenläufigen Bewegungen zumindest theoretisch einen Punkt geben muß, an dem Angebot und Nachfrage sich vollständig decken. Das heißt, es bildet sich ein Marktpreis heraus, bei dessen Höhe die Haushalte genau die Menge des Gutes nachfragen, die die Unternehmen bereit sind, anzubieten. Man nennt diesen Zustand *Marktgleichgewicht*: Zu einem ganz bestimmten Preis, dem *Gleich-*

gewichtspreis, wird ein Gut in einer ganz bestimmten Menge, der *Gleichgewichtsmenge*, angeboten und genau in dieser Menge und zu diesem Preis auch nachgefragt. Sowohl die Haushalte als auch die Unternehmen sehen ihre Markterwartungen befriedigt; sie haben ihren optimalen Produktions- bzw. Verbrauchsplan bzgl. dieses Gutes verwirklicht. Gleichzeitig wird in diesem Punkt die größtmögliche Menge dieses Gutes umgesetzt.

Grafisch dargestellt liegt das Gleichgewicht dort, wo sich Angebots- und Nachfragekurve schneiden. Man sieht, daß diesem Schnittpunkt ein ganz bestimmter Preis und eine ganz bestimmte Menge zugeordnet sind: Bei jedem Preis ober- oder unterhalb dieses Gleichgewichtspreises und bei jeder Menge ober- oder unterhalb dieser Menge befindet sich der Markt im Ungleichgewicht.

Ist der Markt im Ungleichgewicht, stimmen Angebot und Nachfrage nicht überein. Anbieter und Nachfrager

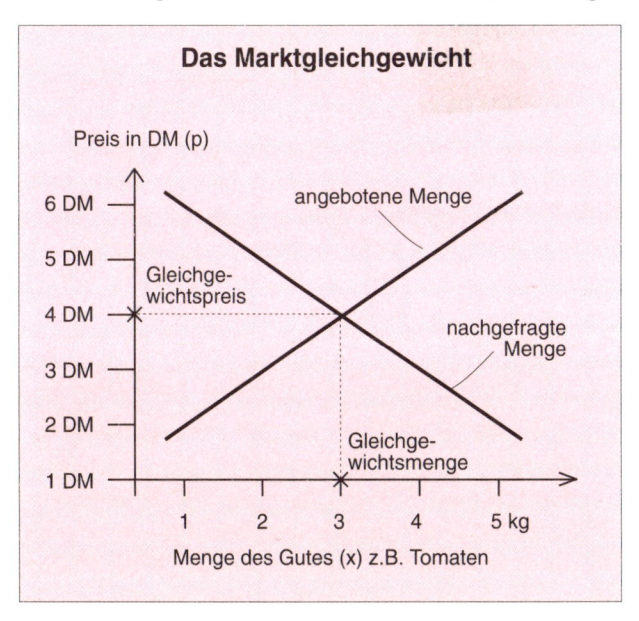

Das Marktgleichgewicht

Die Regulationskraft des Preises

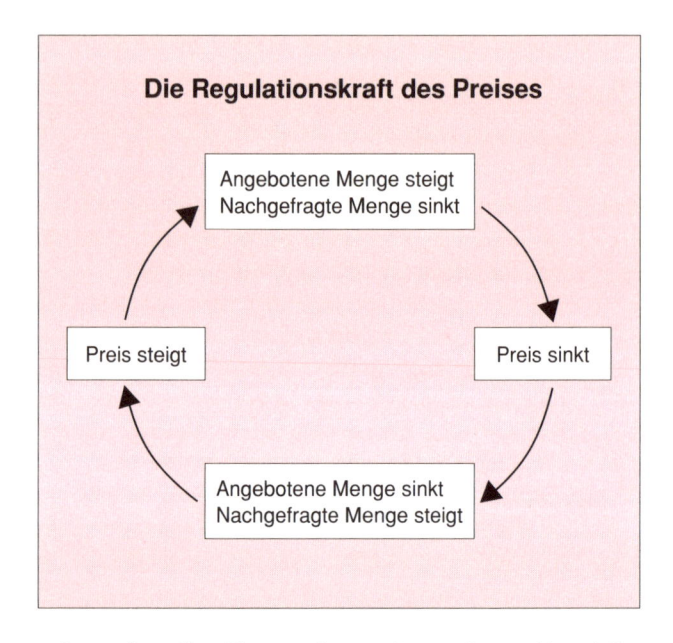

- Angebotene Menge steigt / Nachgefragte Menge sinkt
- Preis sinkt
- Angebotene Menge sinkt / Nachgefragte Menge steigt
- Preis steigt

müssen dann ihre Pläne so lange überprüfen und korrigieren, bis das Gleichgewicht hergestellt ist. So sind beispielsweise die Preise für neue Produkte aus der Unterhaltungselektronik zunächst meist ausgesprochen hoch. Blitzschnell steigen deshalb sehr viele Unternehmen in die Produktion des neuen Artikels – beispielsweise Videorecorder – ein. Die Folge ist ein *Angebotsüberschuß*, da nur wenige Konsumenten bereit sind, das neue Produkt zu einem solch hohen Preis zu kaufen. Die Anbieter werden deshalb gegenseitig ihre Preise unterbieten, um ihre Produkte absetzen zu können. Die Preissenkungen führen wiederum dazu, daß die nachgefragte Menge zunimmt, denn durch den niedrigen Preis werden neue Käuferschichten angelockt. Dagegen wird die angebotene Menge abnehmen, da mit sinkenden Preisen auch die Unternehmensgewinne sinken. Einige Unternehmen werden die Produktion ganz einstellen. Diese Entwicklung – Preissenkung, Reduzierung des Angebots und Ausdehnung der Nachfrage – wird sich so lange fortsetzen, bis ein Marktgleichgewicht erreicht ist.

Umgekehrt führt ein zu niedriger Preis dazu, daß größere Mengen dieser Güter nachgefragt werden, als die Unternehmen bereit sind, herzustellen. Es herrscht ein *Nachfrageüberschuß*. Diesmal werden sich die Konsumenten gegenseitig überbieten, das gewünschte Produkt zu erwerben: Es kommt zu Preissteigerungen. Die steigenden Preise bewirken zum einen, daß immer mehr Unternehmen die Produktion aufnehmen, folglich erhöht sich das Angebot. Andererseits werden einige Nachfrager bei den gestiegenen Preisen ihren Verbrauch wiederum einschränken, da ihnen das Produkt zu teuer geworden ist. Auch diese Entwicklung – Preiserhöhung, Ausdehnung des Angebots und Einschränkung der Nachfrage – führt theoretisch zu einem Marktgleichgewicht, bei dem Angebot und Nachfrage identisch sind.

In der Realität ist es allerdings oft so, daß ein Markt nicht zum Gleichgewicht gelangt, sondern ständige Preis- und Mengenschwankungen üblich sind. Die Anpassungsprozesse dauern häufig zu lange, mit der Folge, daß das Angebot Änderungen in der Nachfrage häufig hinterherhinkt. Ein Beispiel hierfür ist die Schweinefleischproduktion. So veranlassen eine starke Nachfrage und damit hohe Preise für Schweinefleisch viele Bauern, mit der Ferkelaufzucht zu beginnen. Sind die Schweine schlachtreif, ist das Angebot allerdings so groß, daß es die Nachfrage übersteigt und die Preise wieder fallen. Zahlreiche Bauern stellen die Schweinezucht daraufhin ein, mit der Folge, daß die Preise erneut steigen.

2. Der Rückgang von Angebot und Nachfrage

Problematischer als das vorübergehende Auseinanderdriften von Angebot und Nachfrage sind unter Umständen solche Fälle, in denen sich die angebotenen oder nachgefragten Mengen auf Dauer verändern. Es muß sich ein neues Marktgleichgewicht einstellen, was in der Praxis oft nicht einfach ist. Insbesondere wenn die Nachfrage dauerhaft zurückgeht, ist dies meist mit Einbußen für ganze Wirtschaftszweige verbunden. Die betroffenen Unternehmen können sich nicht schnell genug auf strukturelle Änderungen einstellen. Zu einem allgemeinen Rückgang der Nachfrage in einer Volkswirtschaft kann es beispielsweise kommen,

– wenn sich das Einkommen in einer Volkswirtschaft aufgrund neuer Steuergesetze u. ä. oder aber im Rahmen einer Wirtschaftskrise verringert,
– wenn die Bevölkerungszahl und damit die Zahl der Nachfrager zurückgeht oder
– wenn sich die Konsumsumme verringert, weil die Haushalte beispielsweise aufgrund hoher Zinsen mehr sparen.

Ein alle Branchen umfassender, dauerhafter Nachfragerückgang ist jedoch selten. Häufiger sind dagegen Verschiebungen auf einzelnen Gütermärkten. Die Nachfrage nach ganz bestimmten Gütern kann unter anderem zurückgehen,

– weil sie durch andere Güter ersetzt werden (z. B. Plattenspieler durch CD-Player),
– weil sie aus der Mode gekommen sind (Pelzmäntel) oder
– weil der Markt gesättigt ist (Fernsehgeräte).

Das sich neu bildende Gleichgewicht wird unterhalb des ursprünglichen angesiedelt sein: Es wird eine geringere

Menge zu einem geringeren Preis umgesetzt. In welchem Maße Preis und Menge fallen, hängt von der Elastizität des Angebots ab. Aber nicht nur ein dauerhafter Rückgang der Nachfrage, sondern auch ein dauerhafter Rückgang des Angebots bestimmter Gütern ist denkbar, z. B. weil bestimmte Rohstoffe knapp werden oder weil sich aufgrund von Umweltauflagen u. ä. die Produktionskosten erhöhen. Das Ergebnis wird ein neues Gleichgewicht bei geringerer Menge und höheren Preisen sein. In diesem Fall hängt der Grad des Preisanstiegs bzw. der Mengenreduzierung von der Elastizität der Nachfrage ab.

Preiselastizität von Angebot und Nachfrage

Unter Preiselastizität versteht man – vereinfacht ausdrückt – den Grad, in dem Angebot und Nachfrage auf Preisveränderungen reagieren. So führen beispielsweise auch starke Preisänderungen bei lebensnotwendigen Medikamenten kaum zu einer Änderung der Nachfrage. Der Patient ist gezwungen, die Medikamente zu kaufen, auch wenn sie sehr viel teurer geworden sind. Umgekehrt werden nicht plötzlich mehr Menschen dieses spezielle Medikament kaufen, nur weil der Preis gesunken ist. Man spricht in diesem Fall von einer *unelastischen* bzw. starren Nachfrage. Bewirkt dagegen bereits eine relativ kleine Preisänderung eine relativ starke Veränderung der Nachfrage, spricht man von einer *elastischen* Nachfrage. Meist trifft dies auf nicht lebenswichtige Güter, wie Ferienreisen oder Sportartikel zu. Dasselbe gilt auf der Angebotsseite: So ist z. B. das Angebot an Tennisplätzen relativ unelastisch, da es bei Preissenkungen nicht sofort reduziert werden kann und umgekehrt. Das Angebot an Lebensmitteln ist dagegen elastisch.

3. Die Ausdehnung von Angebot und Nachfrage

Es ist aber auch möglich, daß sich Angebot und/oder Nachfrage dauerhaft ausdehnen und sich auf erhöhtem Produktionsniveau ein neues Gleichgewicht einstellt. Technischer Fortschritt, eine dauerhafte Senkung der Produktionskosten, die Vergrößerung des Produktionsapparates durch Investitionen oder aber eine Ausdehnung des Marktes dadurch, daß neue Anbieter hinzukommen, können Grund für eine Angebotserhöhung sein. Zu einer dauerhaften Erhöhung der Nachfrage kann es wiederum kommen, wenn die Bevölkerung wächst, wenn das Einkommen steigt oder aber aufgrund neuer Steuergesetze anders verteilt wird, wenn bei niedrigen Zinsen die Sparfreudigkeit der Haushalte sinkt, oder auch nur, weil ein bestimmtes Produkt in Mode gekommen ist. Welches Gleichgewicht sich anschließend einstellt, ob das Angebot nur geringfügig oder stark erweitert wird, ob der neue Gleichgewichtspreis unter oder über dem alten liegt, hängt wiederum entscheidend von der Elastizität von Angebot und Nachfrage ab. Sobald jedoch ein höheres Produktionsniveau verwirklicht wird, spricht man von *Wachstum*.

Nimmt man folgendes Beispiel an: Der Markt für Tennisschuhe in der Bundesrepublik befindet sich im Gleichgewicht, wenn fünf Millionen Paar Schuhe zum Preis von 100 Mark angeboten und auch verkauft werden. Nun kann die Nachfrage aufgrund eines neuen modischen Trends plötzlich steigen. Die steigende Nachfrage führt bei gleichbleibendem Angebot zunächst wahrscheinlich zu einer Erhöhung der Preise, beispielsweise von 100 auf 130 Mark pro Paar. Diese Preissteigerung ist aber ein Signal für andere im Wettbewerb stehende Unternehmen, ihrerseits die Produktion von Tennisschuhen zu erhöhen, um an zu erwartenden höheren Gewinnen teilzuhaben. Andere Produzenten werden dazukommen, und die Preise werden aufgrund der verstärkten Konkurrenz wieder sinken, vielleicht sogar unter 100 Mark. Es wird sich ein neues Gleichgewicht einstellen, bei dem jetzt möglicherweise zehn Millionen Paar zu einem Preis von 90 Mark je Paar umgesetzt werden. Das Versorgungsniveau wäre somit höher als je zuvor bei gleichzeitig niedrigeren Preisen.

Auch wenn sich im Wirtschaftsalltag Preis und Menge dem Gleichgewicht allenfalls annähern, erfüllt der Preis unverzichtbare Aufgaben, ohne die eine Marktwirtschaft nicht funktionieren könnte. Der Preis hat

1. eine *Signalfunktion*, d. h., er zeigt an, wie knapp ein bestimmtes Gut ist.
2. eine *Ausgleichsfunktion*, weil die Preisbewegung bewirkt, daß Angebot und Nachfrage sich zumindest tendenziell wieder angleichen, sobald ein Ungleichgewicht entstanden ist,
3. eine *Lenkungs- oder Allokationsfunktion*, denn der Preis der Güter sorgt (indirekt) dafür, daß die Produktionsfaktoren zur Produktion derjenigen Güter eingesetzt werden, deren Nachfrage am größten ist. Der Preis sagt uns also letztlich, was, wo, wieviel produziert werden muß und an wen die Produkte gelangen.

Der Preis erfüllt diese Aufgaben allerdings nur unter der Voraussetzung, daß auf dem Markt Wettbewerb herrscht und daß alle Kosten, z. B. auch die Kosten für die Umweltzerstörung, in die Produktionskosten und damit den Preis eingehen.

VI. Marktversagen

Abgesehen davon, daß die Unternehmen in einer Marktwirtschaft ohne staatliche Eingriffe dazu tendieren, den Wettbewerb durch Konzentrationsprozesse und andere Aktivitäten einzuschränken, und damit das Funktionieren des Marktes auf Dauer in Frage stellen, weist die Marktwirtschaft noch andere Defizite auf, die staatlicher Korrektur bedürfen. Man spricht in solchen Fällen, in denen die Regulationskraft des Marktes nicht funktionieren kann, von Marktversagen.

1. Die neue soziale Frage: Arbeitslosigkeit

Eng gekoppelt mit dem Problem des ungleichen Machtzuwachses einzelner Unternehmen auf dem Gütermarkt ist die soziale Frage. Denn sie resultiert aus der Tatsache, daß in einer Marktwirtschaft immer diejenigen reicher werden, die ohnehin schon vermögend sind und Produktionsmittel besitzen, als diejenigen, die nur ihre Arbeitskraft anbieten können. Die soziale Frage, d. h. die Verelendung der Arbeiter, war aus diesem Grund auch das beherrschende Thema des 19. Jahrhunderts. Das Überangebot an Arbeitskräften kam einem Nachfragemonopol der Unternehmen auf dem Arbeitsmarkt gleich: Sie allein diktierten Arbeitsbedingungen und Entlohnung der Beschäftigten, die Arbeiter hatten keinerlei Möglichkeit, ihren Lohn, der häufig unter dem Existenzminimum lag, zu beeinflussen. Eine Absicherung vor den wichtigsten Risiken einer Industriegesellschaft wie Krankheit, Alter, Unfällen usw. gab es nicht.

Mit der Entstehung von Arbeiterparteien und Gewerkschaften und schließlich mit der Sozialpolitik des Staates, die unter anderem die Einführung von Arbeitsschutz,

Mitbestimmung und Tarifautonomie garantiert, scheint die Arbeiterfrage gelöst. Der Arbeitnehmer ist durch ein Netz sozialer Einrichtungen und Gesetze weitgehend geschützt; im Gegensatz zu früher ist heute keiner mehr arm, allein weil er Arbeiter ist. Doch die »alte« soziale Frage wurde durch eine »neue« soziale Frage abgelöst: nicht die Arbeiter sind das »Problem« unserer modernen Gesellschaft, sondern diejenigen, die keine Arbeit haben oder aber nur »minderwertige« Arbeit verrichten können: Arbeitslose, Alte, Kranke, Ausländer, Kinder, Behinderte und Süchtige. Randgruppen also, die trotz Sozialversicherung und Sozialhilfe an der untersten Einkommensschwelle unserer Gesellschaft rangieren. Die Benachteiligung dieser sozial schwachen Gruppen setzt sich auch

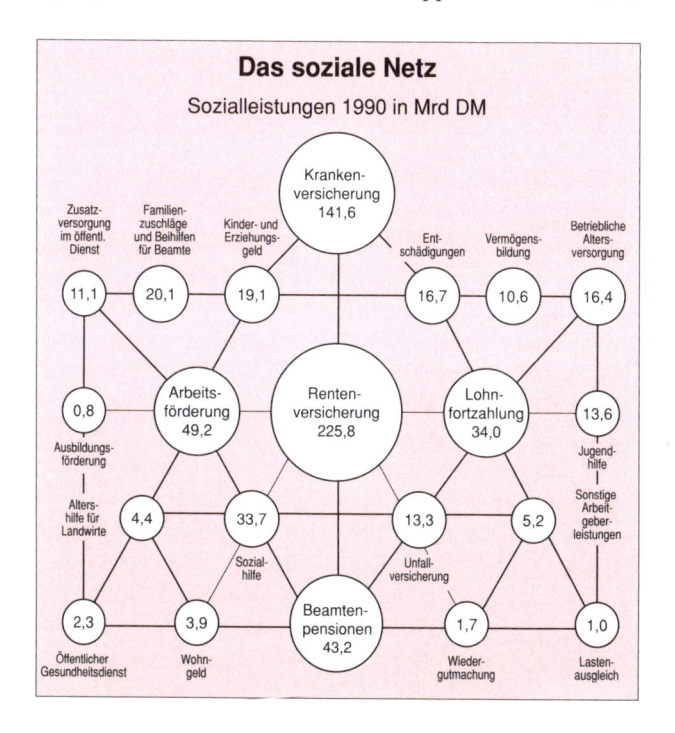

Das soziale Netz
Sozialleistungen 1990 in Mrd DM

- Krankenversicherung 141,6
- Zusatzversorgung im öffentl. Dienst: 11,1
- Familienzuschläge und Beihilfen für Beamte: 20,1
- Kinder- und Erziehungsgeld: 19,1
- Entschädigungen: 16,7
- Vermögensbildung: 10,6
- Betriebliche Altersversorgung: 16,4
- Ausbildungsförderung: 0,8
- Arbeitsförderung: 49,2
- Rentenversicherung: 225,8
- Lohnfortzahlung: 34,0
- Jugendhilfe: 13,6
- Altershilfe für Landwirte: 4,4
- Sozialhilfe: 33,7
- Unfallversicherung: 13,3
- Sonstige Arbeitgeberleistungen: 5,2
- Öffentlicher Gesundheitsdienst: 2,3
- Wohngeld: 3,9
- Beamtenpensionen: 43,2
- Wiedergutmachung: 1,7
- Lastenausgleich: 1,0

Arbeitslosigkeit in Ost und West

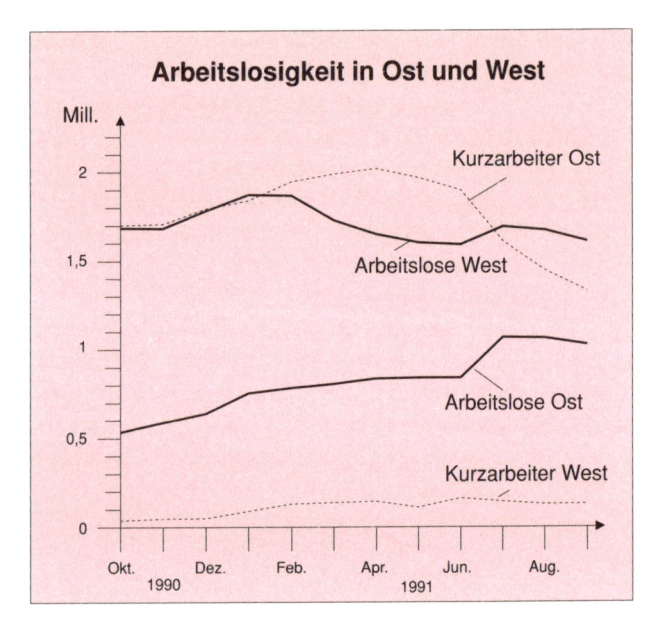

außerhalb der Arbeitswelt, so beispielsweise auf dem Wohnungsmarkt, fort. Die *neue Armut* ist ein Thema geworden, das jedoch von den traditionellen Organisationen, also insbesondere den Parteien und Gewerkschaften, nur ungenügend aufgegriffen wird. Der Markt vermag nicht, solche sozial schwachen Gruppen zu integrieren -- im Gegenteil: Der Markt sorgt dafür, daß sie immer weiter an den Rand unserer Gesellschaft gedrängt werden, da im Markt nur Leistung bewertet wird, diese Menschen aber keine entsprechenden Leistungen anbieten können.

Grundsätzlich bleibt der *Arbeitsmarkt* ein Bereich, in dem der Markt nur eingeschränkt funktioniert. Unter Arbeitsmarkt versteht man, vereinfacht ausgedrückt, den Ort, an dem die Arbeitnehmer ihre Arbeitskraft anbieten und die Arbeitgeber bzw. die Unternehmen diese Arbeitskraft nachfragen. Nach dem klassischen Modell der Marktwirtschaft fragen die Unternehmen bei gegebenen

Erwerbstätigkeit und Arbeitslosigkeit

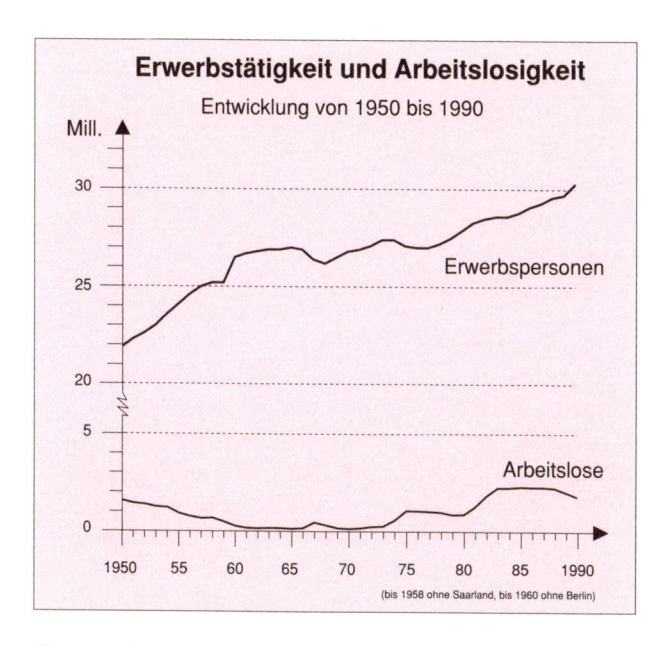

Entwicklung von 1950 bis 1990

(bis 1958 ohne Saarland, bis 1960 ohne Berlin)

Güterpreisen und gegebenen Produktionstechniken um so mehr Arbeitskräfte nach, je geringer ihr Preis – sprich der Lohn – ist, während umgekehrt das Arbeitsangebot mit steigendem Lohnsatz zu- und mit fallendem Lohnsatz abnimmt. Auch auf dem Arbeitsmarkt, so die Theorie, pendelt sich demnach ein Gleichgewichtspreis ein – in diesem Fall der *Gleichgewichtslohn*. In der Theorie herrscht damit Vollbeschäftigung, da alle diejenigen, die bei diesem Lohnsatz arbeiten möchten, auch beschäftigt werden können. In der wirtschaftlichen Praxis spricht man dann von Vollbeschäftigung, wenn die Arbeitslosenquote höchstens 0,8 bis 1 Prozent beträgt. Umgekehrt beginnt die Unterbeschäftigung oder Arbeitslosigkeit bei einer Arbeitslosenquote über 1 Prozent. Fest definiert sind diese Grenzen jedoch nicht.

Im klassischen Modell wird Arbeitslosigkeit einfach dadurch erklärt, daß der herrschende Lohnsatz oberhalb

> **Arbeitslosenquote**
>
> Die Arbeitslosenquote bezeichnet das Verhältnis der bei den Arbeitsämtern als arbeitslos registrierten Personen zu den *Erwerbspersonen*. Die Zahl der Erwerbspersonen errechnet sich wiederum aus der Summe der nichtselbständig Beschäftigten und der registrierten Arbeitslosen. Nicht berücksichtigt ist in der Arbeitslosenquote also die versteckte Arbeitslosigkeit. Das sind all die Menschen, die zwar arbeiten könnten und auch möchten, sich aber nicht beim Arbeitsamt melden oder andere Leistungen erhalten. So wird die offizielle Arbeitslosenquote in Ostdeutschland für Juni 1991 mit 9,5 Prozent angegeben (Westdeutschland: 5,9 Prozent). Würde man allerdings die Bezieher von Vorruhestands- und Altersübergangsgeld, die Kurzarbeiter, Umschüler, ABM-Beschäftigen usw. einbeziehen, käme man in Ostdeutschland auf eine Quote von 40 Prozent, die unfreiwillig keine oder nur eingeschränkte Arbeit ausführen. Die Arbeitslosenquote ist also nur bedingt aussagefähig in Bezug auf die Beschäftigungslage einer Volkswirtschaft. Die Beschäftigungsquote ist zur Arbeitslosenquote komplementär; sie ergänzen sich zu hundert. Bei einer Arbeitslosigkeit von 5,9 Prozent in den alten Bundesländern lautet die Beschäftigungsquote also 94,1 Prozent.

des Gleichgewichtslohnes liegt und die Nachfrage der Unternehmer nach Arbeitskräften in der Folge geringer ist als das Angebot.

Tatsächlich ist jedoch der Arbeitsmarkt nicht mit den Gütermärkten vergleichbar:

1. Die Arbeitsleistung ist immer an ihren menschlichen Träger gebunden. Das »Gut« Arbeit ist also nicht

gleichwertig, sondern qualitativ sehr unterschiedlich. Es gibt keinen homogenen Arbeitsmarkt, sondern eine Vielzahl von regional, sektoral, beruflich und qualitativ unterschiedlichen Teilmärkten. Arbeitskräfte können also nicht automatisch und produktiv gegeneinander ausgetauscht werden.

2. Die Arbeitskräfte sind nur eingeschränkt mobil, sie können nicht beliebig den Ort wechseln und unmittelbar und sofort dort eingesetzt werden, wo die Nachfrage gerade am größten ist.
3. Auf dem Arbeitsmarkt herrschen – zumindest regional – Nachfragemonopole; viele Anbieter (Arbeiter) stehen oft nur einem Nachfrager (Unternehmen/Arbeitgeber) gegenüber.
4. Die Arbeitsangebotsfunktion zeigt einen anormalen Verlauf, weil für die Arbeitnehmer ein Angebotszwang besteht: Sie sind darauf angewiesen, sich ein Existenzminimum zu sichern. Das heißt, daß das Arbeitsangebot nicht nur mit steigenden Löhnen zunimmt, sondern unter Umständen auch, wenn die Löhne extrem niedrig sind, weil die Menschen dann um so mehr arbeiten müssen, um überleben zu können (häufiges Phänomen in Entwicklungsländern).

Um diesem anormalen Verlauf der Arbeitsangebotskurve und den daraus resultierenden sozialen Mißständen entgegenzuwirken, garantieren in der Bundesrepublik Tarifverträge Mindestlöhne.

Arbeitslosigkeit ist nun aber nicht automatisch Folge der – möglicherweise zu hoch angesetzten – Tariflöhne, wie die Arbeitgeberverbände häufig argumentieren. Arbeitslosigkeit hat zahlreiche andere Ursachen. Entsprechend ihrer Ursachen unterscheidet man:

1. Die *Fluktuations-* oder auch *friktionelle Arbeitslosigkeit*; sie entsteht, wenn durch Jobsuche, Weiterbildungsmaßnahmen, Wohnungswechsel usw. zwischen

> **Tarifvertrag**
>
> Tarifverträge werden regelmäßig zwischen den Arbeitgeberverbänden und den Gewerkschaften abgeschlossen. Sie enthalten Vereinbarungen über Arbeitslohn, Arbeitszeit, Urlaub, Ausbildungsbedingungen u. ä.. Die im Vertrag getroffenen Vereinbarungen sind jeweils Mindestregelungen, die überschritten, aber nicht unterschritten werden dürfen. Zwar sind die Verträge theoretisch nur für die Mitglieder der jeweiligen Tarifvertragsparteien gültig, doch dadurch, daß individuelle Arbeitsverträge oft auf Basis der existierenden Tarifverträge ausgearbeitet werden, erhalten sie letztlich Allgemeingültigkeit. Die *Tarifautonomie* besagt, daß der Staat sich nicht in die Tarifverhandlungen einmischen darf.

der Aufgabe des alten und der Übernahme eines neuen Arbeitsplatzes Zeit vergeht.
2. Die *saisonale Arbeitslosigkeit*, die durch jahreszeitlich bedingte Schwankungen, z. B. in der Bauwirtschaft, entsteht.
3. Die *konjunkturelle Arbeitslosigkeit* als Begleiterscheinung eines Kunjunkturabschwungs.
4. Die *strukturelle Arbeitslosigkeit*, die daraus resultiert, daß sich das Arbeitsangebot nicht oder zu langsam der sich permanent umformende Wirtschaftsstruktur und damit der sich ständig ändernden Arbeitsnachfrage anpassen kann. Zur strukturellen Arbeitslosigkeit zählen die branchenbedingte (Bergbau), die beruflich bedingte (Biologen), die altersbedingte und im weiteren Sinne auch die technologisch bedingte Arbeitslosigkeit. Im letzten Fall steigt die Arbeitslosigkeit infolge plötzlichen technischen Wandels abrupt an, ohne daß hinreichend Ersatzarbeitsplätze entstehen.

Die Tatsache, daß in der Bundesrepublik trotz konjunkturellen Aufschwungs eine hohe Arbeitslosigkeit herrscht, deutet auf die strukturellen Ursachen des Problems hin. Und der Marktmechanismus alleine vermag nicht, dieses Problem zu lösen.

Dabei ist die Arbeitslosigkeit nicht nur wegen ihrer sozialen Konsequenzen für die Betroffenen gefährlich, sie kann auch die gesamtwirtschaftliche Entwicklung stark beeinträchtigen. Gesamtwirtschaftlich betrachtet sind Löhne nämlich nicht nur ein Kosten-, sondern auch ein Nachfragefaktor: Bei steigender Arbeitslosigkeit sinkt das Einkommen. Ein geringeres Einkommen beeinträchtigt die Kaufkraft, und die Gesamtnachfrage geht zurück. Sinkt die Nachfrage, müssen die Unternehmen ihre Produktion einschränken, mit der Folge, daß der Bedarf an Arbeitskräften erneut geringer wird. Wiederum sinkt die Gesamtnachfrage, der Arbeitskräftebedarf usw.. Durch Massenarbeitslosigkeit kann also eine äußerst gefährliche Spirale nach unten in Gang kommen.

2. Die Konjunkturanfälligkeit

Die Konjunkturanfälligkeit ist ein weiteres Phänomen von Marktwirtschaften. *Konjunkturschwankungen* sind wellenartige Schwankungen der wirtschaftlichen Entwicklung, d. h. der Gesamtnachfrage, des Produktionsniveaus, des Preisniveaus und der Beschäftigung, die meist periodisch oder zyklisch auftreten. In der Bundesrepublik umfaßt ein Konjunkturzyklus durchschnittlich vier bis sechs Jahre.

Es gibt in der ökonomischen Theorie keine allgemeingültige Erklärung für die Konjunkturanfälligkeit der Marktwirtschaft, sondern rund 20 verschiedene Ansätze, die die Schwankungen entweder nur auf partielle Ungleichgewichte zwischen Angebot und Nachfrage zurückführen oder aber auf periodisch auftretende äußere

Impulse, wie beispielsweise zeitlich verzögerte Erwartungsänderungen der Wirtschaftssubjekte.

Es lassen sich verschiedene Formen des Konjunkturverlaufs nachweisen, wobei die klassische Form einer Sinuskurve gleicht. Die Phase des *Konjunkturaufschwungs* ist gekennzeichnet durch eine Steigerung der Produktion, der Beschäftigung, der Löhne, der Gesamtnachfrage, aber auch der Preise. Am Ende des Aufschwungs, *Hochkonjunktur* oder auch *Boom* genannt, sind sämtliche Produktionsfaktoren ausgelastet. Es stehen also keine weiteren Produktionskapazitäten mehr zur Verfügung, und es herrscht Vollbeschäftigung. Steigt die Nachfrage in dieser Situation weiter an, steigen auch die Preise weiter an – es besteht *Inflationsgefahr*. Man spricht dann auch von einer Überhitzung der Konjunktur. Doch schließlich kommt es wieder zum Abschwung, der *Depression*. Produktion, Beschäftigung, Löhne, Nachfrage und Preise gehen zurück. Die Kapazitäten sind nicht mehr voll ausgelastet; das bedeutet, daß Boden, Maschinen und Kapital brachliegen und Arbeitslosigkeit herrscht. Der tiefste Punkt der Kurve bezeichnet einen sehr schlechten Stand der Wirtschaft und wird *Krise* genannt; sie wird aber jeweils wieder durch einen neuen Aufschwung abgelöst. Wenn es sich nur um eine leichte und kurzzeitige Abschwächung der Konjunktur handelt, spricht man von einer *Rezession*.

Es kann aber auch sein, daß sich die Sinuskurve in steigendem Trend überlagert, d. h. die Schwankungen in ein allgemeines Wachstum integriert sind. Der Abschwung bedeutet dann lediglich *Stagnation*, also einen vorübergehenden Stillstand der wirtschaftlichen Entwicklung, bevor ein neuer Aufschwung einsetzt. Schließlich ist es aber auch möglich, daß Elemente des Aufschwungs (z. B. Inflation) und Elemente des Abschwungs (z. B. Arbeitslosigkeit) gleichzeitig auftreten. Inflationäre Preissteigerungen bei gleichzeitig niedrigen Wachstums-

Der Konjukturverlauf

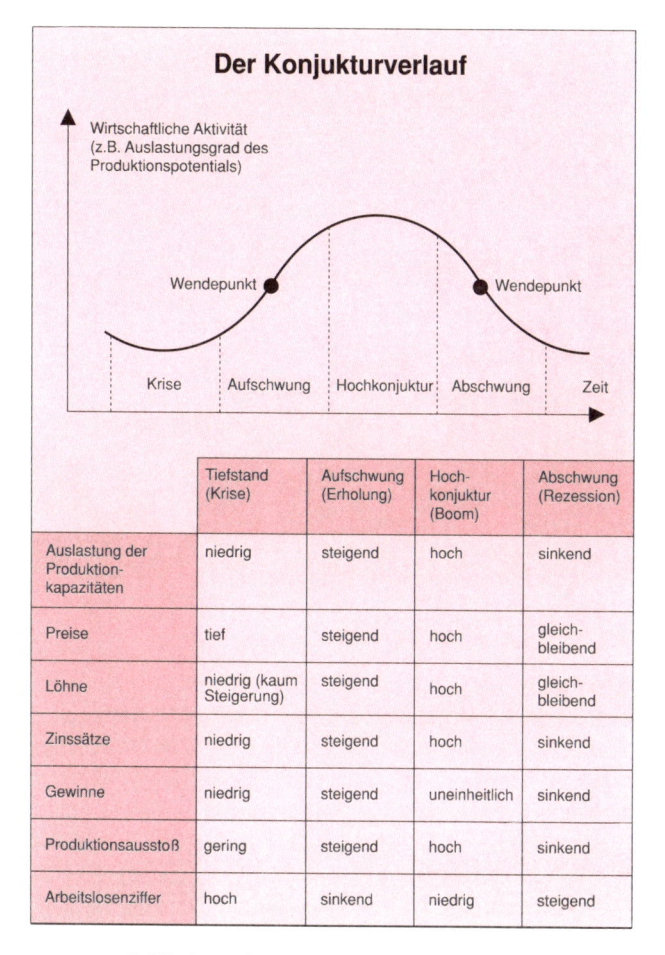

Wirtschaftliche Aktivität (z.B. Auslastungsgrad des Produktionspotentials)

Wendepunkt — Wendepunkt

Krise | Aufschwung | Hochkonjuktur | Abschwung | Zeit

	Tiefstand (Krise)	Aufschwung (Erholung)	Hochkonjuktur (Boom)	Abschwung (Rezession)
Auslastung der Produktionkapazitäten	niedrig	steigend	hoch	sinkend
Preise	tief	steigend	hoch	gleichbleibend
Löhne	niedrig (kaum Steigerung)	steigend	hoch	gleichbleibend
Zinssätze	niedrig	steigend	hoch	sinkend
Gewinne	niedrig	steigend	uneinheitlich	sinkend
Produktionsausstoß	gering	steigend	hoch	sinkend
Arbeitslosenziffer	hoch	sinkend	niedrig	steigend

raten und Nichtauslastung der Produktionskapazitäten nennt man *Stagflation*.

Wie auch immer diese Gleichgewichtsstörungen in der wirtschaftlichen Realität erklärt werden und gleichgültig, an welcher ökonomischen Größe – am Konsum, an den Investitionen usw. – ihre Ursachen festgemacht werden, oftmals sind unzureichende Informationen der Wirt-

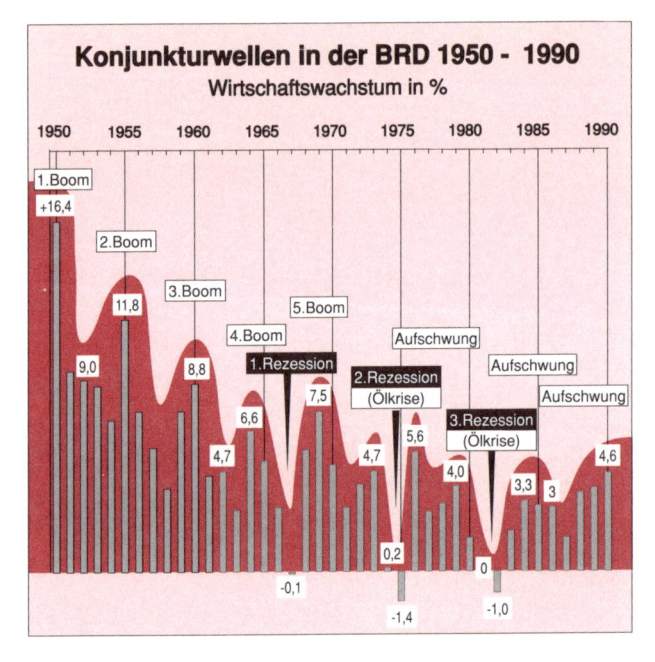

Konjunkturwellen in der BRD 1950 - 1990
Wirtschaftswachstum in %

- 1.Boom: +16,4
- 2.Boom: 11,8
- 3.Boom: 8,8 (9,0)
- 4.Boom: 6,6
- 5.Boom: 7,5
- 1.Rezession: -0,1
- Aufschwung: 4,7
- 2.Rezession (Ölkrise): -1,4 (0,2; 5,6)
- 3.Rezession (Ölkrise): -1,0 (0; 4,0)
- Aufschwung: 3,3; 3
- Aufschwung: 4,6

schaftssubjekte, Fehleinschätzungen hinsichtlich des Verhaltens der Wirtschaftspartner, verzögerte Anpassung oder schlicht irrationale Erwartungen die Ursache solcher Schwankungen. So reicht es beispielsweise aus, daß die Konsumenten glauben, die Preise stiegen, um diese durch Hamsterkäufe schließlich wirklich steigen zu lassen. Ist eine solche Entwicklung erst in Gang gesetzt – gleichgültig ob in Richtung Auf- oder Abschwung – zeigt sie auch in anderen Bereichen Wirkung. Eine solche Entwicklung zieht also andere nach sich. Die Entwicklungen häufen sich und verstärken sich gegenseitig. Ein kleiner Anstoß kann somit einen lawinenartigen Effekt nach sich ziehen, was die Schwankung verstärkt.

Sinkt zum Beispiel in der Textilbranche die Nachfrage nach Kleidung um zehn Prozent – unter Umständen nur, weil die Konsumenten hoffen, daß in einigen Monaten die

Preise fallen – werden weniger Nähmaschinen bestellt. Der Rückgang wird aber nicht nur zehn Prozent, sondern schlimmstenfalls 100 Prozent ausmachen, wenn die Textilproduzenten aufgrund der schlechteren Absatzlage ganz auf Investitionen verzichten. In der Nähmaschinenindustrie werden schließlich Beschäftigte entlassen, die aufgrund ihres nunmehr geringeren Einkommens (Arbeitslosengeld/-hilfe) auch in anderen Bereichen (Lebensmittel, Kraftfahrzeuge etc.) weniger nachfragen. Auch in der Lebensmittel- und Autoindustrie geht die Produktion zurück und in der Folge in der Landwirtschaft und Metallindustrie usw..

Der Marktprozeß ist in der Realität also nicht geeignet, einen stabilen Gleichgewichtszustand herzustellen. Den Umstand, daß ein relativ kleiner Anlaß große Wirkung zeigen kann, macht sich aber auch die Wirtschaftspolitik zunutze, wenn sie solchen Schwankungen entgegenzuwirken versucht. Im *Stabilitätsgesetz* von 1967 wird die

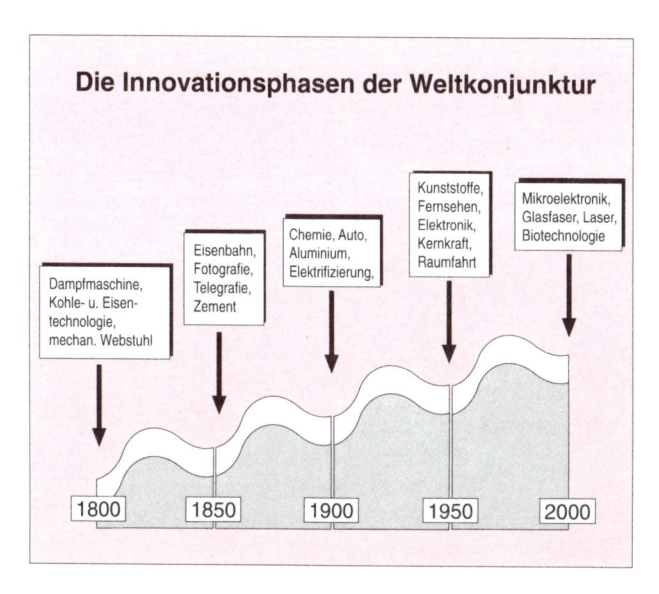

Die Innovationsphasen der Weltkonjunktur

- Dampfmaschine, Kohle- u. Eisentechnologie, mechan. Webstuhl
- Eisenbahn, Fotografie, Telegrafie, Zement
- Chemie, Auto, Aluminium, Elektrifizierung,
- Kunststoffe, Fernsehen, Elektronik, Kernkraft, Raumfahrt
- Mikroelektronik, Glasfaser, Laser, Biotechnologie

1800 | 1850 | 1900 | 1950 | 2000

Bundesregierung zur Förderung der wirtschaftlichen Stabilität und damit indirekt zur Dämpfung der Konjunkturzyklen verpflichtet. Zum konjunkturpolitischen Instrumentarium der Wirtschaftspoltik zählen aber nicht nur die finanzpolitischen Maßnahmen des Staates, sondern auch die geld- und kreditpolitischen Maßnahmen der Bundesbank. Der Staat wird normalerweise in einer Depression die Staatsausgaben erhöhen und die Steuern senken, um Investitionen, Produktion, Beschäftigung und/oder Konsum anzukurbeln. Während eines Booms werden die Staatsausgaben dagegen eingeschränkt bzw. die Steuern erhöht, um die Konjunktur zu bremsen. Allerdings besteht die Gefahr, daß solche antizyklischen Maßnahmen zu spät eingesetzt werden, so daß sie unter Umständen wieder zyklisch und damit die Schwankungen weiter verstärkend wirken.

3. Umweltverschmutzung und Ressourcenverschwendung

Ob Berge von Müll, verschmutzte Luft oder verseuchtes Wasser – die Umweltzerstörung ist die Kehrseite einer modernen Industriegesellschaft. Auch wenn es darum geht, die natürlichen Ressourcen für künftige Generationen zu schonen und eine intakte Umwelt zu erhalten, scheint der Marktmechanismus zu versagen. Im Produktionsprozeß werden der Umwelt Substanzen entzogen und in anderer Form und an einem anderen Ort wieder abgegeben: in der Regel in Form eines oder mehrerer Produkte und eines oder mehrerer Schadstoffe sowie letztendlich als Müll.

So werden der Umwelt beispielsweise zur Produktion von Autos zahlreiche natürliche Ressourcen entzogen: Wasser, Luft, Energie (Öl, Kohle, Gas oder andere Energieträger) sowie letztlich die Rohstoffe, die in das Produkt einfließen, also Stahl, Kautschuk usw..

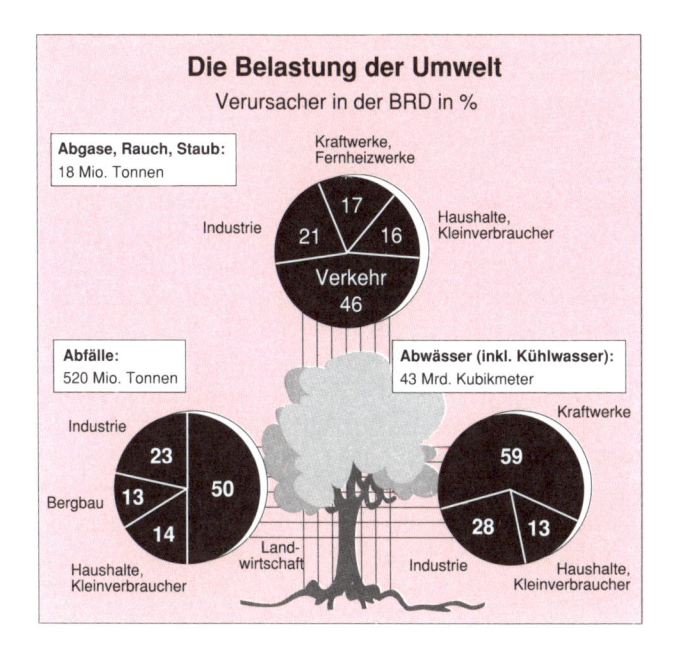

Die Belastung der Umwelt
Verursacher in der BRD in %

Abgase, Rauch, Staub:
18 Mio. Tonnen

Kraftwerke, Fernheizwerke 17
Industrie 21
Haushalte, Kleinverbraucher 16
Verkehr 46

Abfälle:
520 Mio. Tonnen

Industrie 23
Bergbau 13
Haushalte, Kleinverbraucher 14
Landwirtschaft 50

Abwässer (inkl. Kühlwasser):
43 Mrd. Kubikmeter

Kraftwerke 59
Industrie 28
Haushalte, Kleinverbraucher 13

Doch die Preise dieser Ressourcen sind verzerrt, weil sie lediglich den kurzfristigen Knappheitsgrad der jeweiligen Stoffe widerspiegeln, ihre künftige Erschöpfbarkeit darin aber nicht berücksichtigt wird. Bei einer langfristigen Betrachtungsweise müßten die Preise erschöpfbarer, sprich nicht erneuerbarer Rohstoffe (Erze, Öl) sehr viel höher als bisher angesetzt werden. Die niedrigen Preise verführen dagegen zur rücksichtslosen Vergeudung unserer Ressourcen.

Andere Güter, von deren Nutzung niemand ausgeschlossen werden kann, haben schließlich gar keinen Preis. Die Nutzung von Luft beispielsweise wird nicht bewertet, weil niemand von ihrem Gebrauch ausgeschlossen werden kann. Man nennt solche Güter, die grundsätzlich jedem zugänglich sind, *freie Güter*. Weil sie aber frei sind und keinen Preis haben, sind sie nicht marktfähig, mithin fließt ihre Nutzung in keine Kostenrechnung ein, auch wenn erhebliche Mengen davon verbraucht bzw. verschmutzt werden.

Abgesehen davon, daß bereits bei der Erzeugung der Energie, der Veredelung der Rohstoffe und dann bei der Herstellung der Autos Schad- und Reststoffe entstehen, verursacht der Autoverkehr zahlreiche Umweltschädigungen und damit Kosten, die nicht den Herstellern angelastet werden und die sich damit nicht im Preis der Autos widerspiegeln. Man nennt solche Wirkungen externe Effekte bzw. diese Kosten externe Kosten.

Zwar sorgt die Umweltzerstörung vordergründig sogar für eine Steigerung des Sozialprodukts, indem Maßnahmen zur Abwasserreinigung, Luftreinhaltung, Müllbeseitigung, Wiederaufforstung, Krankenbehandlung usw. ergriffen werden müssen, doch die Kosten tragen nicht die Verursacher, sondern in der Regel die Allgemeinheit, sprich die Steuerzahler. Würde man die Umweltzerstö-

---

Externe Effekte

Von externen Effekten spricht man dann, wenn in einer Volkswirtschaft Kosten oder Erträge auftreten, die demjenigen, der sie verursacht hat, nicht unmittelbar zuzurechnen sind. Profitiert ein Imker beispielsweise von den Obstplantagen in seiner Nachbarschaft, wäre dies ein positiver externer Effekt. Sein Honigertrag steigert sich, ohne daß er dafür Kosten aufwenden müßte bzw. die Plantagenbesitzer den Nutzen in Rechnung stellen könnten. Sinkt sein Honigertrag dagegen, weil die Vegetation der Umgebung durch Luftschadstoffe geschädigt ist, wäre dies ein negativer externer Effekt. Der Imker trägt die Kosten, die eigentlich der Luftverschmutzer verursacht hat.

rung preislich bewerten und in die Kostenrechnung des Herstellers integrieren, müßte ein Auto sehr viel teurer verkauft werden, als dies bislang der Fall ist. Darüber hinaus könnte auch der Fahrer als Verursacher stärker belastet werden.

Haben die natürlichen Ressourcen keinen Preis oder ist ihr Preis zu niedrig, weil sich ihre langfristige Erschöpfbarkeit nicht im Preis widerspiegelt, verliert der Preis seine Signal-, Lenkungs- und Allokationsfunktion. Der niedrige Preis täuscht ein großes Angebot vor, auch wenn es in Wirklichkeit – in einem längerem Zeitraum betrachtet – äußerst klein ist. Ähnlich verhält es sich, wenn die externen (Folge-)Kosten nicht in die Produktpreise einfließen. Es kommt zu einer falschen Allokation der Ressourcen (siehe Kapitel I).

Werden externe Effekte (angefangen vom Artensterben durch Straßenbau bis hin zu allen Folgen der Luftverschmutzung) sowie die Knappheit natürlicher Ressourcen nicht berücksichtigt, erscheint das Auto beispielsweise kostengünstiger als die Bahn. Ein Großteil staatlicher Finanzmittel wird demnach zum Ausbau des Straßennetzes verwendet. Würde man jedoch all die externen Kosten für den Lärmschutz, die Waldsanierung, die Behandlung von Unfallopfern usw. sowie die Knappheit der Ressourcen (Energie, Wasser usw.) in den Preis mit einbeziehen, würde sich das Auto als weitaus kostenintensiver und damit teurer als die Bahn erweisen. Die Allokation würde insofern korrigiert, als wertvolle Rohstoffe, Energie, Kapital etc. nun automatisch in den Ausbau der Bahn gelenkt würden.

Der Marktprozeß allein ist also auch nicht geeignet, der Umweltzerstörung und der Ressourcenverschwendung Einhalt zu gebieten. Abermals bedarf es staatlicher Eingriffe, um das Versagen des Marktes auszugleichen.

VII. Marktwirtschaft und Weltwirtschaft

1. Absolute und komparative Kostenvorteile

Selbstverständlich machen die ökonomischen Transaktionen nicht an nationalen Grenzen Halt. Im Gegenteil, der internationale Güter-, Dienstleistungs- und Kapitalaustausch gewinnt immer mehr an Bedeutung. Die verschiedenen Länder der Welt unterscheiden sich in ihrer Ausstattung mit Bodenschätzen, in Klima und Beschaffenheit des Bodens, in ihrem technologischen Know-how, in der Größe und Qualifikation ihrer Bevölkerung, in den durchschnittlichen Lohnkosten usw.. Eine internationale Arbeitsteilung liegt also nahe: Die einzelnen Staaten spezialisieren sich auf jeweils die Güterproduktion, bei der sie aufgrund reichlich vorhandener Produktionsfaktoren (Boden, Arbeit und/oder Kapital) und günstiger Wettbewerbs- und Infrastrukturbedingungen absolute Kostenvorteile gegenüber anderen Staaten haben. Also sollte sich beispielsweise ein Land wie Australien auf die Produktion bodenintensiver Güter und Hongkong auf die Produktion arbeitsintensiver oder kapitalintensiver Güter spezialisieren. Vom Tausch durch *Export* (Ausfuhr) bzw. *Import* (Einfuhr) der jeweils anderen Gütergruppen profitieren dann auf den ersten Blick beide Staaten.

Schon zu Beginn des 19. Jahrhunderts wurde jedoch nachgewiesen, daß eine grenzüberschreitende Arbeitsteilung sogar dann sinnvoll sein kann, wenn ein Land in keinem Fall absolute, sondern nur relative Kostenvorteile nachweisen kann. Man spricht in diesem Fall vom *Gesetz der komparativen Kostenvorteile*. Gelingt es beispielsweise den Amerikanern, ein Segelboot in zwei Arbeitstagen herzustellen, während die Deutschen hierfür sechs

Handelsbilanzen der BRD

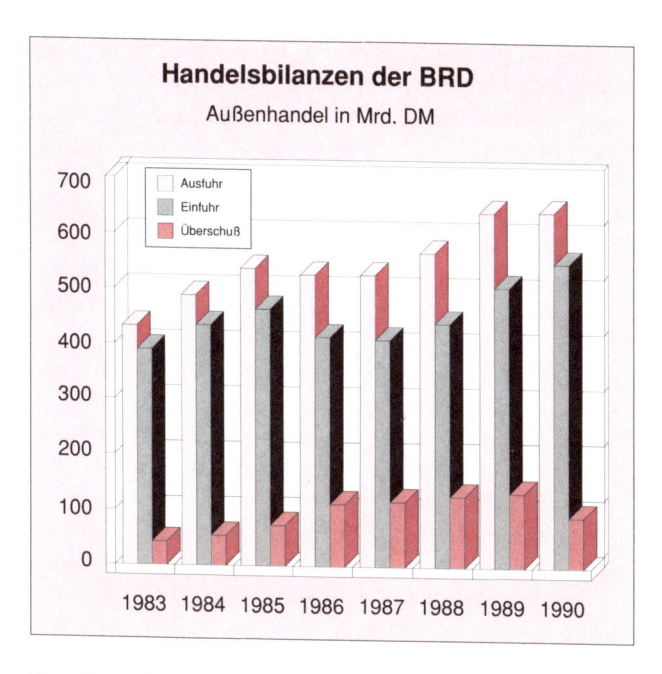

Außenhandel in Mrd. DM

[Balkendiagramm mit den Werten für die Jahre 1983 bis 1990, Kategorien: Ausfuhr, Einfuhr, Überschuß]

Tage benötigen würden, und brauchen die Amerikaner für die Produktion eines Lkws vier, die Deutschen aber fünf Tage, so haben die Deutschen bei der Produktion von Lkws zumindest einen relativen Kostenvorteil, da hierfür nicht vier, sondern nur ein Arbeitstag mehr eingeplant werden muß. Spezialisieren sich nun die Amerikaner auf die Produktion von Segelbooten und die Deutschen auf die Produktion von Lkws, und stellen beide Länder jeweils die doppelte Menge davon her, um die Hälfte austauschen zu können, so benötigen die Deutschen insgesamt nur zehn Tage für die Herstellung von zwei Lkws, anstatt elf für die Herstellung eines Lkws und eines Bootes. Aber auch die Amerikaner sparen Zeit und damit Geld durch den Tausch: statt sechs Arbeitstage für ein Boot und einen Lkw müssen sie nur noch vier Tage für die Produktion zweier Segelboote aufwenden. Diese Spezialisierung hat allerdings nur Sinn, wenn die Kostenvorteile nicht durch unterschiedliche Produktpreise wieder aufgehoben werden. Müßten beispielsweise die Amerikaner für einen Lkw aus Deutschland doppelt soviel bezahlen wie für einen Lkw aus eigener Produktion, wäre der Vorteil dahin. Hierbei muß man allerdings beachten, daß die Preise in unterschiedlichen Währungen ausgedrückt werden. Der jeweilige Wechselkurs muß also beim Vergleich immer berücksichtigt werden, um keine falschen Ergebnisse zu erhalten.

Gemäß der Theorie der komparativen Kostenvorteile müßte gerade zwischen den Ländern ein ausgeprägter Handel getrieben werden, zwischen denen große komparative Kostenunterschiede, also große Unterschiede in der Faktorausstattung und der Produktivität, bestehen. Solche Unterschiede gibt es vor allem zwischen Industrie- und Entwicklungsländern, doch in der Praxis macht der Handel zwischen den Industrienationen den weitaus größten Posten des Welthandels aus. Weniger die komparativen Kostenvorteile als die Tatsache, daß mit steigendem Pro-

---

Wechselkurs

Der Wechselkurs gibt an, wieviel ausländische *Währung* man für eine Einheit inländischen Geldes erhält. Der jeweilige Kurs – nichts anderes als der Preis der einzelnen Währung – bildet sich theoretisch durch Angebot und Nachfrage nach dieser Währung auf dem *Devisenmarkt*. Tatsächlich werden die Wechselkurse jedoch vorwiegend von internationalen Finanztransaktionen und Zinsdifferenzen bestimmt. Das heißt, die Zentralbanken versuchen, durch den An- und Verkauf von Währungen die Wechselkurse zu manipulieren. Auch durch die Zinspolitik der Zentralbanken können Wechselkurse verändert werden.

Kopf-Einkommen die Ansprüche der Konsumenten nach einem vielfältigen Warenangebot zunehmen, bestimmen also vorrangig den Handel zwischen den Industriestaaten.

Auch der Warenhandel zwischen Industrie- und Entwicklungsländern beruht nicht unbedingt auf relativen Kostenvorteilen, sondern die jeweiligen Ländergruppen liefern ganz einfach das, was in der anderen Ländergruppe nur beschränkt oder unter Umständen gar nicht verfügbar wäre: d. h., die Entwicklungsländer exportieren Rohstoffe und landwirtschaftliche Produkte wie Kaffee, Kakao, Bananen usw., die in unserem Klima nicht gedeihen, und die Industrieländer exportieren hochindustrielle Fertigprodukte und Investitionsgüter, die in der Dritten Welt aufgrund des geringen Industrialisierungsgrades nur beschränkt hergestellt werden können.

2. Ungleicher Welthandel

Die katastophale Wirtschaftslage in vielen Entwicklungsländern macht jedoch deutlich, daß solch ein internationaler Gütertausch nicht in jedem Fall Vorteile bringt. Vor allem dann nicht, wenn das technische Niveau und der Verarbeitungsgrad der Güter, die zwischen Industrie- und Entwicklungsländern getauscht werden, sehr unterschiedlich ist. Man spricht in diesem Zusammenhang oft von der Verschlechterung der internationalen Austauschverhältnisse bzw. von der Verschlechterung der Terms of Trade.

Wenn auch vom Außenhandel keineswegs alle beteiligten Länder gleichermaßen profitieren und die Gefahr einer starken Auslandsabhängigkeit grundsätzlich jedem Land drohen kann, hat man aus den Vorteilen der internationalen Arbeitsteilung schon früh die Forderung nach Freihandel, das bedeutet vor allem den Abbau von Zollschranken, abgeleitet. Tatsächlich nehmen jedoch in jüngerer Zeit offene und verdeckte protektionistische Maß-

Terms of Trade

Internationale Terms of Trade (ToT) oder auch internationale Austauschverhältnisse bezeichnen die Preisrelation, zu der man Güter auf dem Weltmarkt eintauschen kann. Die Terms of Trade kann man bestimmen, indem man den Preis eines bestimmten Exportgutes durch den Preis eines bestimmten Importgutes (angeglichen durch den Wechselkurs) dividiert. Die Terms of Trade geben also an, wie viele Einheiten eines bestimmten Importgutes (z. B. Traktoren) ein Land für den Export eines heimischen Gutes (z. B. Kaffee) erhält und umgekehrt, wieviel heimische Ware (Tonnen Kaffee) es exportieren muß, um ein bestimmtes Importgut (einen Traktor) zu erhalten. Von einer Verschlechterung der Terms of Trade spricht man dann, wenn die Preise der Güter, die ein Land traditionell exportiert, sinken und/oder die Preise für Güter, die es importiert bzw. importieren muß, steigen. Sinken z. B. auf dem Weltmarkt die Kaffeepreise (weil sich immer mehr Länder auf die Produktion von Kaffee spezialisieren oder weil die Ernten gut waren), müssen die betroffenen Länder immer größere Mengen davon exportieren, um im Gegenzug ein gewünschtes Importgut, z. B. Traktoren, importieren zu können. Je einseitiger ein Land auf den Export von Kaffee spezialisiert ist, desto stärker wird es von einem Preisverfall betroffen sein.

nahmen zum Schutz der heimischen Industrie wieder zu – insbesondere auch auf seiten der Industrieländer. Und das, obwohl fast ununterbrochen Regierungsvertreter innerhalb der verschiedenen Außenwirtschaftsorganisationen zusammenkommen, um auf diesem Weg den freien Handel in der Welt zu begünstigen.

3. Die Zahlungsbilanz

Die Differenz aus Export und Import wird *Außenbeitrag* genannt. Was passiert nun, wenn der Export eines Landes wertmäßig größer ist als der Import, der Außenbeitrag also nicht Null ist, sondern einen positiven Wert annimmt? Bei einem derartigen Außenhandelsüberschuß strömt zusätzliche Nachfrage ins Inland. In einer Depres-

---

Protektionismus

Unter protektionistischen Maßnahmen versteht man staatliche Maßnahmen, die darauf zielen, heimische Wirtschaftsbereiche vor ausländischer Konkurrenz zu schützen. Der Wettbewerb wird dadurch eingeschränkt oder außer Kraft gesetzt. Zu solchen protektionistischen Maßnahmen zählen:

1. Die Belastung der Importe mit Abgaben bzw. *Zöllen*, um sie künstlich zu verteuern.
2. Die *Kontingentierung*, also die mengenmäßige Beschränkung der Importe.

Es gibt aber auch sog. *nicht-tarifäre Handelshemmnisse*: so beispielsweise die *Subventionierung*, d. h. die finanzielle Unterstützung heimischer Unternehmen, mit dem Ziel, ihre Konkurrenzfähigkeit im Ausland zu stärken bzw. die ausländische Konkurrenz zu schwächen. Zu den nicht-tarifären Handelshemmnissen zählt schließlich auch die Festlegung bestimmter Güternormen. Darunter versteht man Größennormen, Umweltschutznormen, Sicherheitsnormen usw., wie beispielsweise das Reinheitsgebot für Bier, das Hormonverbot in der Kälberzucht, Phonbegrenzung für Rasenmäher usw.. Bezogen auf den Außenhandel wirken solche Auflagen protektionistisch.

sion oder Rezession mit Arbeitslosigkeit wirkt die Nachfrage aus dem Ausland konjunktursteigernd und ist damit zu begrüßen. Herrscht allerdings bereits eine hohe Kapazitätsauslastung und Vollbeschäftigung, kann die Nachfrage aus dem Ausland zu verstärkten Preissteigerungen führen. Inflationäre Tendenzen können somit auch importiert werden – ein Problem, mit dem die Bundesrepublik oft zu kämpfen hat: Sind die Einkommen und Preise im Ausland bereits inflationär gestiegen, verstärkt sich die Nachfrage nach (billigeren) bundesdeutschen Gütern weiter. In der Folge steigen auch hier die Preise, während gleichzeitig die Exporte stärker als die Importe zunehmen, die im Verhältnis zu teuer geworden sind. Durch die Einkommenssteigerung in der Exportindustrie wird aber schließlich auch im Inland die Nachfrage zunehmen, was wiederum zu Preissteigerungen führt. Die Gefahr einer *importierten Inflation* ist also die Kehrseite chronischer Exportüberschüsse.

Bei einem *Außenhandelsdefizit*, d. h., wenn die Importe die Exporte überwiegen, findet der umgekehrte Vorgang statt. In einer Phase des konjunkturellen Booms kann das Defizit verkraftet werden und wirkt unter Umständen sogar preisberuhigend. Ist die Konjunktur bei hohen Arbeitslosenzahlen ohnehin schwach, wird diese Tendenz verstärkt.

Sinken im Ausland Preise und Einkommen, wird die ausländische Nachfrage nach den deutschen Gütern und damit der deutsche Export zurückgehen, während der Import ausländischer Waren zunimmt, da aufgrund der verringerten Nachfrage im Erzeugerland ein Druck auf die Preise erfolgt, der die Auslandsgüter für uns relativ billiger macht. Die Exportindustrie wird ihre Produkte zu niedrigeren Preisen exportieren müssen oder aber ihre Produktion reduzieren, wodurch das bundesdeutsche Volkseinkommen und damit die inländische Güternachfrage sinken.

> **Devisen**
>
> Devisen sind auf fremde Währungen lautende Guthaben von Inländern bei Kreditinstituten im Ausland. Auch in ausländischer Währung ausgeschriebene Wechsel und Schecks faßt man unter den Devisenbegriff; ausländische Münzen und Noten werden dagegen Sorten genannt. Devisen werden benötigt, um Güter und Dienstleistungen im Ausland zu kaufen.

Diese Entwicklung entspricht einer *importierten Rezession*. Wie man in den Entwicklungsländern beobachten kann, geht ein langandauerndes Außenhandelsdefizit häufig mit einem chronischen Devisenmangel einher.

Die wirtschaftlichen Beziehungen zwischen Inland und Ausland werden jeweils für den Zeitraum eines Jahres in der Zahlungsbilanz erfaßt. Die Zahlungsbilanz besteht aus: der Handelsbilanz, der Dienstleistungsbilanz, der Übertragungsbilanz, der Kapitalbilanz, der Devisenbilanz.

In der *Handelsbilanz* werden die Warenexporte den Warenimporten gegenübergestellt. Übersteigt der Export den Import, spricht man von einer aktiven Handelsbilanz, im umgekehrten Fall von einer passiven. Die Handelsbilanz der Bundesrepublik ist in der Regel aktiv.

In der *Dienstleistungsbilanz* wird der Dienstleistungsverkehr mit dem Ausland, d. h. Reisen, Transportdienste usw. dargestellt. Vor allem aufgrund der hohen Reisefreudigkeit der Deutschen ist sie seit Jahren passiv.

In der *Übertragungs-* oder auch *Schenkungsbilanz* werden schließlich alle unentgeltlichen Leistungen wie Entwicklungshilfe, Heimatüberweisungen der Gastarbeiter, Zahlungen an internationale Organisationen u. ä. aufgeschlüsselt. Auch sie weist bei uns in der Regel ein Passivsaldo aus.

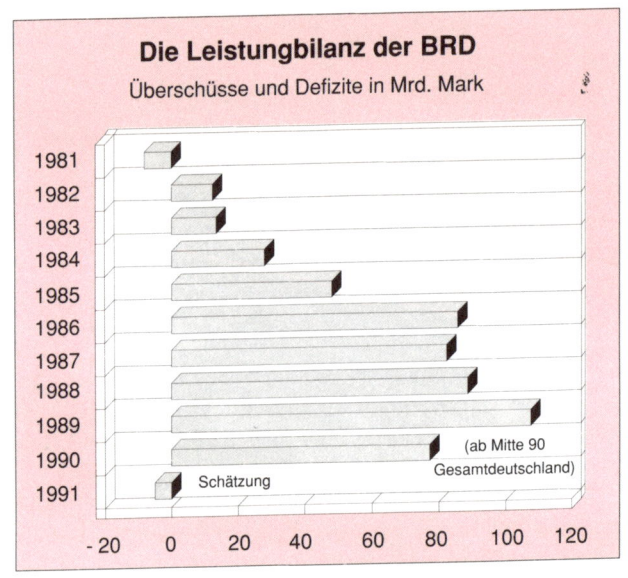

Die Leistungbilanz der BRD
Überschüsse und Defizite in Mrd. Mark

(ab Mitte 90 Gesamtdeutschland)
Schätzung

Zusammen bilden die drei Bilanzen die *Leistungsbilanz*, die jedoch aufgrund der hohen Exportüberschüsse trotz der beiden passiven Teilbilanzen seit 1986 immer aktiv war.

In der *Kapitalbilanz* als weiterer Teilbilanz der Zahlungsbilanz wird der Kapitalverkehr mit dem Ausland erfaßt.

Hierunter fallen ans Ausland gewährte oder aber von diesem empfangene Kredite, Wertpapieranlagen, Direktinvestitionen und andere Kapitalleistungen. Die Kapitalbilanz der Bundesrepublik war zeitweise aktiv und zeitweise passiv.

Die deutsche Bundesbank gliedert aus der Kapitalbilanz schließlich noch die *Devisenbilanz* aus, in der Zufluß und Abfluß von Währungsreserven erfaßt werden.

Die Zahlungsbilanz als Ganzes ist immer ausgeglichen, da dem Saldo der Leistungsbilanz genau der Saldo der Kapitalbilanz entspricht.

VIII. Geld und Währung

1. Geldarten und -funktionen

Geld ist das in einer Volkswirtschaft allgemein verwendete Tauschmittel. Es dient

1. als Zahlungsmittel,
2. als Recheneinheit oder Wertmaßstab und
3. als Wertaufbewahrungsmittel bzw. Wertspeicher.

Man unterscheidet hierbei das *Bargeld*, also Münzen und Noten, und das sog. *Buch- oder Giralgeld.* Unter Buch oder Giralgeld versteht man Guthaben auf Bankkonten, die grundsätzlich die gleichen Funktionen wie das Bargeld erfüllen. In modernen Industriegesellschaften vollzieht sich der größte Teil des Güteraustausches bereits bargeldlos durch Umbuchungen von verschiedenen Bankkonten.

Bankkonten

Es gibt in modernen Volkswirtschaften, vereinfacht ausgedrückt, drei verschiedene Kontenarten:

1. Girokonten, auf denen sich sog. Sichteinlagen befinden, die grundsätzlich jederzeit in Bargeld umgewandelt werden können.
2. Festgeldkonten, auf denen Gelder für eine bestimmte Zeit festgelegt werden *(Termineinlagen)*.
3. Sparkonten, auf denen sich Spareinlagen befinden, die ab einem bestimmten Betrag ohne Kündigung nicht mehr jederzeit abgehoben werden können, also langfristig festgelegt sind.

Selbstverständlich erfüllt das Geld seine Funktionen als Zahlungsmittel, Wertmaßstab und Wertaufbewahrungsmittel nur, wenn es erstens von allen Wirtschaftseinheiten akzeptiert wird und zweitens nur in begrenzten Mengen verfügbar ist. Die Währungsordnung muß dies sicherstellen. Sie bezeichnet die konkrete Ausgestaltung des nationalen Geldwesens. In Form von Gesetzen muß folgendes festgelegt werden:

1. die Einheit des Geldes (z. B. D-Mark, Dollar, Pfund),
2. die Stückelung (z. B. 1 DM = 100 Pfennige; 1 US-Dollar = 100 Cent),
3. die Berechtigung zur Geldausgabe, also die Festlegung, welche Institution Geld herstellen und in Umlauf bringen darf,
4. die Kontrolle der nationalen Geldmenge,
5. die Verfügung, daß zumindest das Bargeld allgemein als gesetzliches Zahlungsmittel angenommen werden muß.

Geldmenge

Die Geldmenge, manchmal auch Geldvolumen genannt, ist der Bestand an Bargeld und Einlagen in einer Volkswirtschaft. Je nachdem, welche Einlagen man zum Bargeld hinzurechnet – Kriterium ist die Liquiditätsnähe – unterscheidet man unterschiedliche Geldmengen: Als Geldmenge M1 bezeichnet man das im Umlauf befindliche Bargeld + die Sichteinlagen inländischer Nichtbanken (Haushalte, Unternehmen usw.). Die Geldmenge M2 besteht aus der Geldmenge M1 + den Termineinlagen inländischer Nichtbanken mit einer Laufzeit bis zu vier Jahren. Die Geldmenge M3 setzt sich schließlich aus der Geldmenge M2 + den Spareinlagen inländischer Nichtbanken mit gesetzlicher Kündigungsfrist zusammen.

Ist in einer Volkswirtschaft zuviel Geld im Umlauf, oder haben die Menschen aus anderen Gründen das Vertrauen in die Währung ihres Landes verloren, erfüllt das Geld seine Funktionen nicht mehr. Die Wirtschaftssubjekte verwenden andere Tauschmittel (Zigarettenwährung) oder flüchten in ausländische Währungen. Viele Länder Osteuropas und der Dritten Welt haben mit diesem Problem zu kämpfen.

2. Die Banken

In der Bundesrepublik hat allein die Deutsche Bundesbank das Recht, Münzen und Noten auszugeben, d. h. sie dem Wirtschaftskreislauf zuzuführen – und dem Kreislauf auch wieder zu entziehen. Sie wird deshalb auch Zentral- oder Notenbank genannt.

Gibt die Deutsche Bundesbank Noten und Münzen aus, spricht man von *Geldschöpfung*: Es wird zusätzliches Geld in Umlauf gebracht und damit die nationale Geldmenge vergrößert.

Fließen Noten und Münzen zur Bundesbank zurück, verringert sich die nationale Geldmenge – man sagt, es wird Geld »vernichtet.«

Die Geschäftsbanken – auch Kreditinstitute genannt – sind zwischen die Zentralbank einerseits und die eigentlichen Kunden, die Unternehmen sowie die privaten und öffentlichen Haushalte, andererseits geschaltet. Zu den Geschäftsbanken gehören die großen Kreditbanken (Deutsche Bank, Dresdner Bank usw.), die in kommunaler Hand befindlichen Sparkassen und Girozentralen, die Kreditgenossenschaftsbanken (Raiffeisen, Sparkassen, Volksbanken), schließlich die sog. Realkreditinstitute wie die Hypothekenbanken und alle anderen (auch privaten) Kreditinstitute, wie beispielsweise die Postscheck- und Postsparkassenämter.

Die Aufgabe der Geschäftsbanken besteht, vereinfacht

ausgedrückt, darin, die Spareinlagen der Haushalte nutzbringend zu verwenden. Das heißt in der Praxis, sie als *Kredite* an die Unternehmen weiterzuleiten, damit diese ihre Investitionen, also den Ausbau ihrer Gebäude, den Kauf von Maschinen usw., tätigen können. Volkswirtschaftlich betrachtet haben die Verwaltung von Girokonten oder die Kreditvergabe an private Haushalte untergeordnete Bedeutung. Die Kreditwirtschaft ist theoretisch dann im Gleichgewicht, wenn die Haushalte zu einem bestimmten *Zinssatz* genau den Betrag sparen, den die Unternehmen zu diesem Zinssatz als Kredit nachfragen. Der Zinssatz heißt dann *Gleichgewichtszinssatz*.

In der Realität gibt es jedoch auch hier Ungleichge-

Deutsche Bundesbank

Die Deutsche Bundesbank in Frankfurt steht an der Spitze des bundesdeutschen Bankensystems. Sie unterhält in den alten Bundesländern Zweigstellen – die *Landeszentralbanken*.

Die Entscheidungen der Bundesbank sind nicht von Regierung und Parlament abhängig, allerdings sollen sie die allgemeine Wirtschaftspolitik der jeweiligen Regierung unterstützen. Zu ihren Aufgaben zählen:

1. die Geldversorgung der Wirtschaft,
2. die Abwicklung des Zahlungsverkehrs mit dem Ausland,
3. die Schaffung eines geordneten Geld- und Kapitalmarktes und
4. die Erhaltung der Geldwertstabilität.

Die Bundesbank betreibt kaum Geschäfte mit Unternehmen oder Haushalten, sondern fast ausschließlich mit den sog. Geschäftsbanken sowie mit den Zentralbanken anderer Länder und dem Staat.

Der Zusammenhang zwischen Sparen und Investieren

Zinssatz

Gleichgewichtzinssatz

Kreditangebot (= Sparbetrag)

Kreditnachfrage (= Investitionsbetrag)

i_g

$I_g = S_g$ Sparen/Investieren

Haushalte → Sparbeträge → Kreditinstitute → Kredite → Unternehmen

---

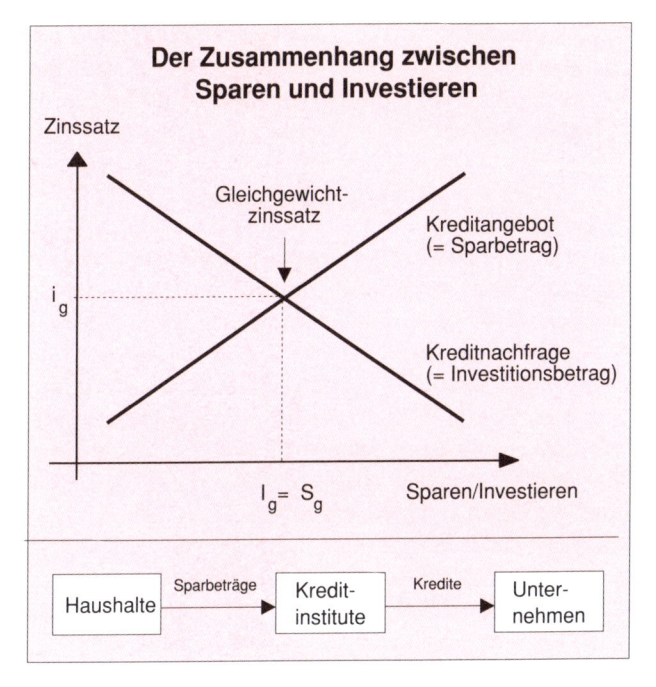

wichte, d. h., die gesparten Beträge stimmen nicht unbedingt mit den investierten Beträgen überein.

Während in Deutschland nur die Bundesbank berechtigt ist, Bargeld zu schaffen, kann Buchgeld auch von den Geschäftsbanken geschaffen werden, da sie nicht damit rechnen müssen, daß sämtliche Kunden über ihr Bankguthaben bar verfügen wollen. Werden beispielsweise auf ein Konto 3000 Mark bar einbezahlt, die 3000 Mark aber an einen anderen Bankkunden als Kredit weitergegeben, hat sich das Buchgeld um 3000 Mark erhöht, da der Einzahler nach wie vor über ein Guthaben in Höhe von 3000 Mark verfügt, obwohl die Bank das Bargeld wieder abgegeben hat.

Rechnet man das Buchgeld zur nationalen Geldmenge hinzu, haben folglich auch die Geschäftsbanken die Möglichkeit, durch die Vergabe von Krediten die Geldmenge in einer Volkswirtschaft zu verändern. Der Rahmen der Kreditvergabe und damit der Buchgeldschöpfung wird allerdings wiederum von der Bundesbank festlegt.

3. Die Geldwertstabilität

Die in Umlauf befindliche Geldmenge hängt eng mit dem Wert des Geldes zusammen, und die Bundesbank hat die Aufgabe, diesen Wert möglichst stabil zu halten. Der Wert des Geldes wird also nicht in der Währung festgelegt, und er entspricht auch nicht mehr, wie dies früher üblich war, dem Metallwert der Münzen. Der Wert des Geldes definiert sich erst dadurch, daß man etwas dafür kaufen kann. Man erhält also beispielsweise den Wert der D-Mark aus ihrer Kaufkraft, und die hängt wiederum von der Entwicklung der Güterpreise ab. Sind die Preise allgemein gestiegen – man sagt dann, das *Preisniveau* ist gestiegen – sinkt die Kaufkraft und damit der Geldwert in einer Volkswirtschaft. Sinkt umgekehrt das Preisniveau, steigt die Kaufkraft und damit der Geldwert – jeweils bei gleichbleibender Geldmenge. Den exakten Wert des Geldes zu einem bestimmten Zeitpunkt festzustellen, ist allerdings kaum möglich, weil man nicht die Preise aller erdenklichen Güter bei der Berechnung des Preisniveaus berücksichtigen kann. Man bedient sich deshalb einer Notlösung und summiert den durchschnittlichen Warenverbrauch einer vierköpfigen Familie. Die Kosten für diesen »Warenkorb« werden dann im Zeitablauf verglichen und dadurch Änderungen festgestellt – man erhält den sog. *Preisindex* für die Lebenshaltung und damit indirekt den aktuellen Wert der D-Mark.

Auf welche Weise beeinflußt nun die im Wirtschaftskreislauf befindliche Geldmenge den Wert des Geldes? In der sog. Quantitätstheorie wird behauptet, daß eine Verdoppelung der Geldmenge in einer Volkswirtschaft zu einer Verdoppelung der Nachfrage nach Gütern und damit bei gleichbleibendem Angebot zu einer Verdoppelung der Preise führt – was wiederum einer Halbierung des Geldwertes gleichkäme. Tatsächlich muß aber die doppelte Geldmenge nicht automatisch zu einer Verdoppelung der Nachfrage führen, da die Haushalte das zusätzliche Geld auch sparen können. Die Erhöhung der Nachfrage führt schließlich nicht unbedingt zu einer Erhöhung der Preise, z. B. dann nicht, wenn zuvor die Produktionskapazitäten nicht voll ausgelastet waren und erst jetzt das Angebot erweitert wird. Außerdem kann es auch bei unveränderter Geldmenge zu einer Ausdehnung der Nachfrage und damit zu Preisänderungen kommen, wenn nämlich ein und derselbe Geldschein mehrmals am Tag ausgegeben und damit nachfragewirksam wird. Es reicht also nicht, die Geldmenge zu halbieren, um den Geldwert zu verdoppeln, und umgekehrt. Der Zusammenhang von Geldmenge und Geldwert ist komplizierter, und man muß die herrschende Umlaufgeschwindigkeit und das jeweilige Handelsvolumen berücksichtigen.

Die Bundesbank veröffentlicht seit 1974 jedes Jahr ein *Geldmengenziel*, indem sie im voraus angibt, innerhalb welcher Grenzen sie die Geldmenge im kommenden Jahr wachsen lassen möchte. Hierbei handelt es sich aber nicht um eine fixe Zahl, sondern um einen prozentualen Korridor. Im Juli 1991 wurde das ursprüngliche Ziel, nämlich ein Geldmengenwachstum zwischen vier und sechs Prozent für das Jahr 1991, jedoch zurückgeschraubt auf drei und fünf Prozent. Abgesehen von einem unvermeidbaren Preisanstieg, der als normal toleriert wird, ist eine gewisse Steigerung der Geldmenge immer notwendig, da sonst kein Wirtschaftswachstum möglich wäre. Wächst das Produktionspotential einer Volkswirtschaft, muß logischerweise auch die Geldmenge wachsen, da sonst ein deflatorischer Druck entstände, der zur Depression und zum wirtschaftlichen Zusammenbruch führen würde.

Jährliche Preisveränderungsraten von 1963 bis 1990

Preisindex für die Lebenshaltung aller privaten Haushalte nach ausgewählten Gütergruppen

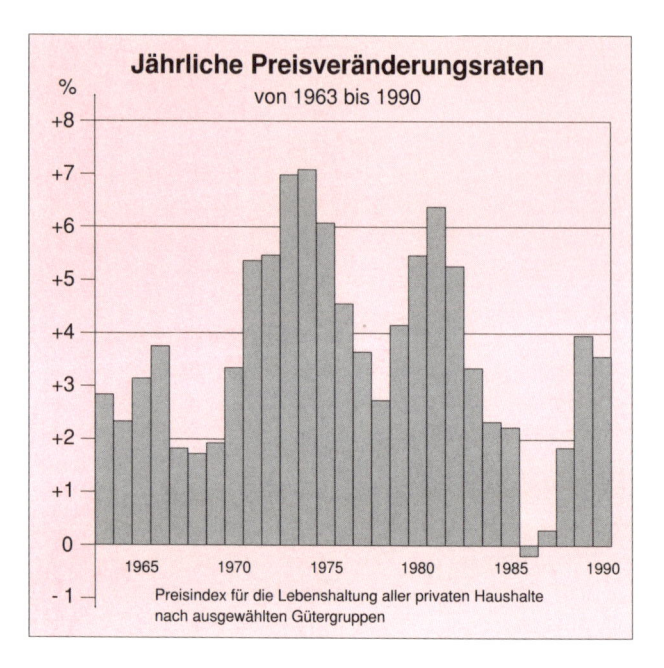

Unter *Deflation* versteht man einen anhaltenden Rückgang der Güterpreise, was bei gleichbleibender Geldmenge einer anhaltenden Steigerung des Geldwertes entspricht. Meist geht die Deflation zunächst mit einem gesamtwirtschaftlichen Angebotsüberschuß einher, was den Preisdruck auslöst. Die gesunkenen Preise führen schnell zu Produktionseinschränkungen und Massenentlassungen. Damit geht die Kaufkraft und infolgedessen auch die Nachfrage weiter zurück. Weitaus häufiger als deflationäre sind allerdings inflationäre Tendenzen: ein anhaltender Anstieg des Preisniveaus bzw. ein stetig abnehmender Geldwert.

Eine Volkswirtschaft leidet aber nicht nur unter einer galoppierenden Inflation. Auch die sog. schleichende Inflation, d. h. eine kontinuierliche Steigerung des Preisniveaus um jährlich drei bis vier Prozent, kann der Wirt-

Inflation

Unter einer Inflation (lateinisch: inflare = aufblasen, anfachen) versteht man den dauerhaften Anstieg der Güterpreise, was gleichbedeutend ist mit einem dauerhaften Rückgang des Geldwertes. Inflationäre Tendenzen sind weniger auf einen Rückgang des Angebots, sondern in erster Linie darauf zurückzuführen, daß die Nachfrage nach Gütern schneller steigt als das Angebot. Dies treibt die Preise in die Höhe. Meist sind mehrere Entwicklungen für eine Inflation verantwortlich, und je nach Ursache unterscheidet man verschiedene Arten: Erhöht eine Notenbank beispielsweise die Geldmenge, um einen defizitären Staatshaushalt auszugleichen, spricht man von einer *Budgetinflation*. In Deutschland sind solche Notenbankkredite allerdings verboten. Steigen die Produktionskosten, z. B. durch einen Anstieg der Rohölpreise, und werden die Kosten auf die Produkte abgewälzt, wäre das eine *Kosteninflation*. Eine Sonderform der Kosteninflation ist die *Lohninflation*. Entsprechend der Theorie der *Lohn-Preis-Spirale* führen überhöhte Lohnforderungen zu einem Anstieg der Preise, da die Unternehmen die gestiegenen Lohn- bzw. Produktionskosten auf die Güterpreise umwälzen. Das gestiegene Preisniveau führt jedoch wiederum zu steigenden Lohnforderungen usw., was die Inflation anheizt. Die Gewerkschaften behaupten dagegen, daß umgekehrt steigende Güterpreise jeweils einen Anstieg der Löhne erforderlich machen. Somit sei die Lohn-Preis- in Wahrheit eine Preis-Lohn-Spirale. Sind die Unternehmensgewinne außergewöhnlich hoch, während die Kaufkraft vieler (Arbeitnehmer-)Haushalte zurückgeht, spricht dies allerdings für die Version der Gewerkschaften.

schaft gefährlich werden. Insbesondere dann, wenn die Inflationsrate die Zinssätze für Sparguthaben übersteigt – das Geld also mehr Wert verliert, als es auf dem Sparkonto Zinsen bringt. Das Vermögen der Sparer wird in seiner Substanz angegriffen.

4. Geldpolitische Instrumente

Ob Inflation oder Deflation – beide Entwicklungen haben nachteilige Wirkungen auf die Wirtschaft. Die Bundesbank hat deshalb die Pflicht, auf einen stabilen Geldwert hinzuwirken. In Zeiten der Inflation und Hochkonjunktur muß sie versuchen, die in Umlauf befindliche Geldmenge und damit die wirtschaftliche Entwicklung zu drosseln: In diesem Fall betreibt sie eine *restriktive Geldpolitik*. In Zeiten der Rezession oder Depression wird sie durch eine Erhöhung der Geldmenge die wirtschaftliche Entwicklung ankurbeln. Zu den wirkungsvollsten geldpolitischen Instrumenten der Bundesbank zählen:

1. die Mindestreservepolitik
2. die Diskontpolitik
3. die Lombardpolitik und
4. die Offen-Markt-Politik

Wie erwähnt kann die Bundesbank die Schaffung von Buchgeld durch die Geschäftsbanken begrenzen, indem die Geschäftsbanken verpflichtet werden, einen bestimmten Prozentsatz ihrer Kundeneinlagen (Sicht-, Termin- und Spareinlagen) als Reserve bei der Bundesbank zu hinterlegen. Wieviel die Banken bei der Bundesbank deponieren müssen, hängt ab vom sog. *Mindestreservesatz*, den wiederum die Bundesbank festlegt. Laut Bundesbankgesetz kann die Deutsche Bundesbank bis zu zehn Prozent der Spareinlagen, bis zu zwanzig Prozent der Termineinlagen und bis zu dreißig Prozent der Giroeinlagen als Mindestreserve verlangen. Dieses Geld steht den

Banken dann nicht mehr für die Kreditvergabe zur Verfügung. Je höher die Bundesbank den Mindestreservesatz festlegt, desto geringer ist die Möglichkeit der Banken, Buchgeld zu schaffen bzw. Kredite zu vergeben und umgekehrt.

Kauft die Bundesbank Wechsel von den Geschäftsbanken an, erhalten die Geschäftsbanken dafür neues Geld von der Bundesbank, was einem Kredit entspricht. Dafür werden den Geschäftsbanken Zinsen abverlangt, die von der Bundesbank gleich einbehalten werden. Die Höhe der Zinsen bestimmt der *Diskontsatz*. Im Rahmen der Diskontpolitik wird dieser Zinssatz variiert: Am 16.8.1991 wurde er beispielsweise von 6,5 auf 7,5 Prozent erhöht. Erhöht die Bundesbank den Diskontsatz, verringert sich entsprechend die Geldsumme, die die Geschäftsbanken für den Wechsel erhalten. Geht man davon aus, daß die Geschäftsbanken die erhöhten Zinsen der Bundesbank ihrerseits an die Kunden weitergeben und die Unternehmen bei erhöhten Zinsen weniger investieren, wirkt sich die Erhöhung des Diskontsatzes restriktiv auf die Wirtschaftsentwicklung aus. Eine andere Möglichkeit für Geschäftsbanken, Geld von der Bundesbank zu bekommen, ist die Verpfändung von Wertpapieren und Forderungen. Abermals erhalten sie dafür einen Kredit, den *Lombardkredit*. Die Veränderung des *Lombardsatzes*, also des Zinssatzes für diese Lombardkredite, wirkt ähnlich wie eine Veränderung des Diskontsatzes. Im August 1991 hat die Bundesbank den Lombardsatz auf 9,25 Prozent festgelegt. Im Rahmen der sog. *Offen-Markt-Politik* kauft und verkauft die Bundesbank Wertpapiere »am offenen Markt«, d. h. im direkten Verkehr mit den Geschäftsbanken. Beim Ankauf führt sie der Wirtschaft Geld in Höhe des Kaufpreises der Wertpapiere zu; die dadurch erhöhte Geldmenge wirkt expansiv auf die Wirtschaftsentwicklung. Verkauft die Bundesbank Wertpapiere, entzieht sie dem Wirtschaftskreislauf Geld, was restriktiv wirkt.

IX. Die Volkswirtschaftliche Gesamtrechnung

1. Der Wirtschaftskreislauf

Um gesamtwirtschaftliche Zusammenhänge besser zu verstehen, ist es vorteilhaft, sich die vielfältigen Aktivitäten in einer Volkswirtschaft als Kreislauf vorzustellen. Der Kreislauf kann

- grafisch
- durch Gleichungssysteme
- durch Input-Output-Tafeln oder
- in Kontenform

dargestellt werden. Bevor ein solcher Kreislauf erstellt werden kann, ist es sinnvoll, sich noch einmal die wichtigsten ökonomischen Transaktionen einer Volkswirtschaft in Erinnerung zu rufen: Die Haushalte stellen den Unternehmen ihre Arbeitskraft zur Verfügung, wofür sie von den Unternehmen entlohnt werden. Sie sparen einen Teil ihres Einkommens – Geld, das die Banken wiederum den Unternehmen als Investitionskredite zur Verfügung stellen können. Für den anderen Teil des Einkommens kaufen die Haushalte Konsumgüter, die von den Unternehmen produziert wurden. Sowohl Unternehmen als auch Haushalte zahlen Steuern an den Staat und erhalten vom Staat wiederum andere Leistungen: die Haushalte beispielsweise Renten und die Unternehmen Subventionen. Inländische Unternehmen importieren Güter aus dem Ausland und bezahlen dafür, andere Güter werden in das Ausland exportiert, wofür die Exporteure Geld erhalten. Der Wirtschaftskreislauf kann anhand eines willkürlichen Zahlenbeispiels grafisch dargestellt werden.

Solch ein Wirtschaftskreislauf ist dann geschlossen, wenn für jeden Sektor die Summe der hinausfließenden

Der Wirtschaftskreislauf
- im Beispiel -

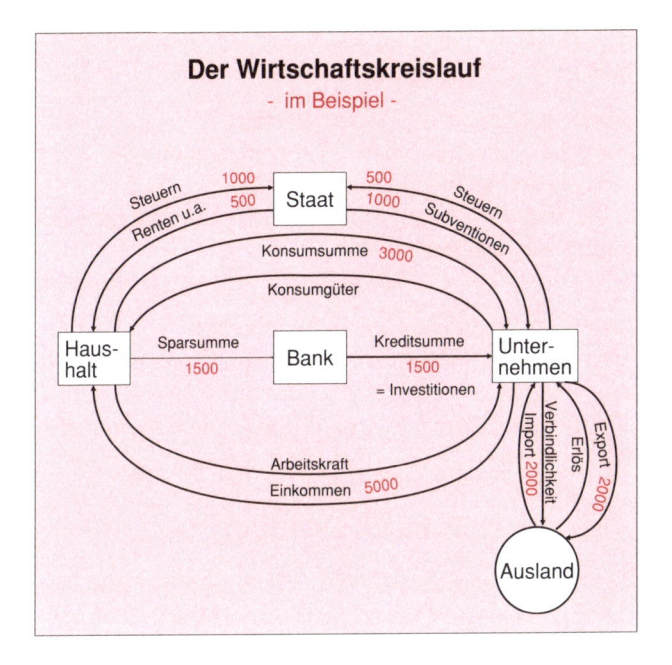

```
                    1000                500
        Steuern ─────────► Staat ◄───────── Steuern
        Renten u.a. 500         1000      Subventionen

                    Konsumsumme  3000
                    Konsumgüter
     ┌──────┐   Sparsumme   ┌──────┐   Kreditsumme   ┌──────────┐
     │ Haus-│ ─────────────►│ Bank │ ──────────────► │ Unter-   │
     │ halt │      1500     └──────┘      1500       │ nehmen   │
     └──────┘                          = Investitionen└──────────┘
                                                    Import  Export
                                                    Verbindlichkeit  Erlös
                    Arbeitskraft                    2000    2000
                    Einkommen 5000
                                                      ┌─────────┐
                                                      │ Ausland │
                                                      └─────────┘
```

Ströme gleich der Summe der hereinfließenden Ströme ist. Von Strömen oder *Stromgrößen* spricht man deshalb, weil die einzelnen Größen nicht zu einem bestimmten Zeitpunkt, sondern in Bezug auf eine bestimmte Zeitperiode betrachtet werden, also beispielsweise für ein Jahr. Erst durch die Einbeziehung der Zeitdimension kann das wirtschaftliche Geschehen richtig bewertet werden.

Die gebräuchlichste Darstellung der ökonomischen Aktivitäten ist aber nicht die grafische, sondern diejenige in Kontenform: Man nennt sie Volkswirtschaftliche Gesamtrechnung.

Diese »nationale Buchhaltung« ähnelt der betrieblichen Buchführung: Die gesamte Wirtschaft wird sozusagen wie ein einzelner Betrieb behandelt. Durch die Volkswirtschaftliche Gesamtrechnung ist es möglich, das Wirtschaftsgeschehen quantitativ darzustellen und entsprechende Schlüsse daraus zu ziehen; mit ihrer Hilfe kann ein Land feststellen,

1. welche Werte es neu geschaffen hat,
2. ob sich die Wirtschaft in einem Boom oder einer Rezession befindet,
3. wie sich die Wirtschaft im Verhältnis zu anderen Ländern entwickelt und
4. wie die künftige Wirtschaftspolitik gestaltet sein muß.

Wahlweise kann man entweder einzelne Sektoren betrachten – zum Beispiel die Unternehmen, die Haushalte oder den Staat – oder aber man beobachtet bestimmte ökonomische Aktivitäten wie Produktion, Einkommensbildung usw..

2. Das Sozialprodukt

Einer der zentralsten Begriffe der Volkswirtschaftlichen Gesamtrechnung ist das Sozialprodukt. Man versteht darunter die Summe aller Güter – Sachgüter und Dienstleistungen, Konsumgüter und Investitionsgüter –, die in einem Land innerhalb eines Jahres erstellt werden. Wie aus der grafischen Darstellung hervorgeht, steht in der Praxis meist einem güterwirtschaftlichen Strom ein geldwirtschaftlicher Strom gegenüber, also beispielsweise den in der Volkswirtschaft konsumierten Gütermengen der Gesamtbetrag, der für diese Güter bezahlt worden ist. Da es aber kaum möglich ist, so unterschiedliche Produkte wie Birnen, Traktoren, Schweißgeräte und die Dienstleistungen eines Frisörs zu einer Summe zusammenzurechnen, addiert man im Rahmen der Volkswirtschaftlichen Gesamtrechnung die Werte dieser Güter, d. h. die Preise, die diese Güter am Markt erzielen. Die Gesamtrechnung ist also keine Mengen-, sondern eine Wertrechnung. Man spricht deshalb auch vom *Sozialprodukt zu Marktpreisen* oder vom *nominalen Sozialprodukt*.

Wie bereits erwähnt, ändern sich aber die Preise im Lauf der Jahre. So könnte die Verdoppelung des Sozialprodukts in einem bestimmten Zeitraum, zum Beispiel von 1970 bis 1990, allein auf eine Verdoppelung des Preisniveaus im gleichen Zeitraum zurückzuführen sein. Will man aber erfahren, ob 1990 tatsächlich mehr Güter als 1970 produziert worden sind bzw. ob seit 1970 ein Wirtschaftswachstum stattgefunden hat, muß man mit den Preisen von 1970 rechnen. Erst wenn man konstante Preise zugrunde legt, erhält man das *reale Sozialprodukt*, also die tatsächliche Veränderung in der Güter- und Dienstleistungsproduktion.

Das Sozialprodukt wird in der Bundesrepublik vom Statistischen Bundesamt in Wiesbaden ermittelt. Dabei werden drei Ermittlungsarten unterschieden: die Entstehungsrechnung, die Verteilungsrechnung und die Verwendungsrechnung.

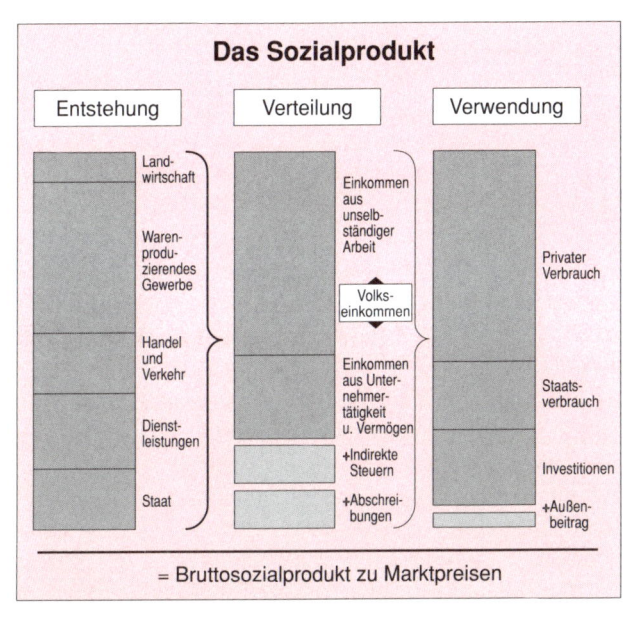

Das Sozialprodukt

Entstehung	Verteilung	Verwendung
Landwirtschaft	Einkommen aus unselbständiger Arbeit	Privater Verbrauch
Warenproduzierendes Gewerbe	Volkseinkommen	
Handel und Verkehr	Einkommen aus Unternehmertätigkeit u. Vermögen	Staatsverbrauch
Dienstleistungen	+Indirekte Steuern	Investitionen
Staat	+Abschreibungen	+Außenbeitrag

= Bruttosozialprodukt zu Marktpreisen

Ausgangspunkt der *Entstehungsrechnung* ist das Produktionsergebnis des vorangegangenen Jahres. Der Wert aller erstellten Güter und Leistungen, der sich – vereinfacht ausgedrückt – aus den Umsätzen der Unternehmen errechnen läßt, wird zum sog. *Bruttoproduktionswert* zusammengefaßt. Der Bruttoproduktionswert entspricht aber nicht – wie oft fälschlicherweise angenommen – dem *Bruttosozialprodukt* (BSP). Bei der Herstellung von Gütern werden nämlich andere Güter, z. B. Rohstoffe, Energie, Transportdienste usw., also die sog. Vorleistungen verbraucht. So wird Weizen bei der Produktion von Mehl und Mehl bei der Produktion von Brot verbraucht – ihr Wert ist also bereits im Brotpreis enthalten. Würde man den Wert des Weizens und des Mehls gesondert dazurechnen, entspräche das einer Mehrfachzählung. Vom Bruttoproduktionswert müssen also erst alle Vorleistungen abgezogen werden, um das Bruttosozialprodukt zu erhalten. Im BSP ist somit nur der Wert aller Endprodukte, die nicht mehr weiterverarbeitet werden, erfaßt.

Im Bruttosozialprodukt enthalten sind aber auch die Produkte, die deutsche Unternehmen im Ausland herstellen, während andererseits die von Ausländern in Deutschland erstellten Güter nicht dazugerechnet werden. Das Bruttosozialprodukt ist also ein »Brutto-Inländer-Produkt« im Gegensatz zum *Bruttoinlandsprodukt*, bei dem genau umgekehrt die von Ausländern im Inland produzierten Endprodukte mitgezählt, die von Inländern im Ausland produzierten Güter aber nicht berücksichtigt werden.

Will man allerdings feststellen, was eine Volkswirtschaft in einem Jahr tatsächlich geleistet hat, ist das Bruttosozialprodukt nicht aussagekräftig. Denn bei der Produktion von Gütern werden andere Güter, beispielsweise Maschinen und Werkzeuge, wiederum abgenutzt oder sie gehen sogar kaputt. Der Anlagenverschleiß, also der Wert, den diese Güter bei der Produktion einbüßen,

Das Bruttosozialprodukt der BRD

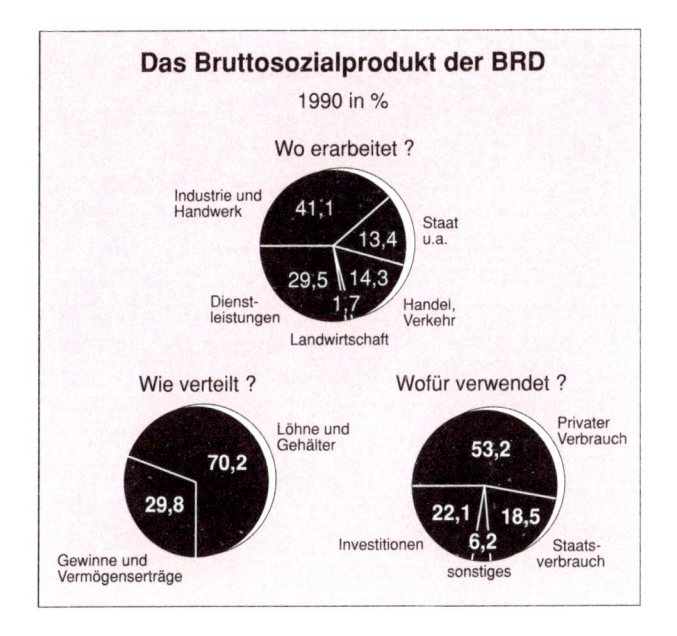

1990 in %

Wo erarbeitet?

- Industrie und Handwerk: 41,1
- Staat u.a.: 13,4
- Handel, Verkehr: 14,3
- Landwirtschaft: 1,7
- Dienstleistungen: 29,5

Wie verteilt?

- Löhne und Gehälter: 70,2
- Gewinne und Vermögenserträge: 29,8

Wofür verwendet?

- Privater Verbrauch: 53,2
- Investitionen: 22,1
- Staatsverbrauch: 18,5
- sonstiges: 6,2

muß folglich vom Bruttosozialprodukt in Abzug gebracht werden.

Diese Wertminderung wird in der Buchhaltung der Unternehmen unter dem Posten *Abschreibungen* bzw. Ersatzinvestitionen geführt. Nach Abzug des durch Abschreibungen erfaßten Anlagenverschleißes vom Bruttosozialprodukt erhält man schließlich das *Nettosozialprodukt zu Marktpreisen*.

In jedem Marktpreis sind jedoch auch indirekte Steuern enthalten, die das Produkt künstlich verteuern. Eine Erhöhung der Steuern würde die Marktpreise und damit das Nettosozialprodukt scheinbar erhöhen, ohne daß sich an der Produktion tatsächlich etwas geändert hat. Verstärkte Subventionen, die den Marktpreis drücken, hätten die umgekehrte Wirkung. Um diesen staatlichen Einfluß auszuschalten, der zu verfälschten Ergebnissen führt, zieht man vom Nettosozialprodukt die Steuern ab und zählt die

> **Volkseinkommen**
>
> Das Volkseinkommen ist die Summe aller Einkommen, die in einer Volkswirtschaft im Laufe eines Jahres erzielt wurden. Die Faktorkosten, also die Kosten für Boden, Arbeit und Kapital, sind für die Unternehmen zwar Produktionskosten, für die Besitzer bzw. Anbieter der Produktionsfaktoren stellen die Kosten jedoch Einkommen dar: die Löhne für die Arbeiter, die Mieten für die Vermieter, die Zinsen für die Kapitalgeber usw. Man nennt diese Beträge deshalb auch Faktoreinkommen. Die Faktorkosten (für die Faktornutzer) sind also identisch mit den Faktoreinkommen (für die Faktorbesitzer). Zählt man zu den Faktoreinkommen die Gewinne der Unternehmen dazu, die nichts anderes sind, als die Einkommen der Unternehmer, erhält man das Volkseinkommen. Das Nettosozialprodukt zu Faktorkosten ist also mit dem Volkseinkommen identisch.

Subventionen dazu. Man erhält das *Nettosozialprodukt zu Faktorkosten*, das der eigentlichen *Wertschöpfung* einer Volkswirtschaft entspricht.

Das Nettosozialprodukt ist aber auch identisch mit dem Volkseinkommen.

Das Sozialprodukt kann folglich auch dadurch ermittelt werden, daß man die Einkommen, die in einer Volkswirtschaft pro Jahr erzielt werden, summiert. Zählt man zu diesen Einkommen in umgekehrter Richtung die indirekten Steuern dazu und zieht die Subventionen ab, erhält man das Nettosozialprodukt zu Marktpreisen. Addiert man schließlich die Abschreibung dazu, kennt man das Bruttosozialprodukt.

Die zweite Version der Volkswirtschaftlichen Gesamtrechnung, die sog. *Verteilungsrechnung*, setzt an diesem

Volkseinkommen an. Hierbei wird danach unterschieden, welcher Anteil des Volkseinkommens aus unselbständiger Arbeit (Löhne) stammt, welcher Anteil aus selbständiger bzw. Unternehmertätigkeit (Gewinne) und welcher Anteil aus Vermögen (Zinsen usw.) resultiert. Während die Entstehungsrechnung noch wenig über den Wohlstand einer Gesellschaft aussagt – der Großteil des Volkseinkommens kann in der Hand weniger Menschen konzentriert sein – gibt die Verteilungsrechung Auskunft darüber, wie sich das Einkommen einer Gesellschaft verteilt. Man kann feststellen, wem der Wohlstand zugute kommt.

Die dritte Art, das Sozialprodukt zu ermitteln, ist die *Verwendungsrechnung*: Das Sozialprodukt läßt sich nämlich auch berechnen, indem man die Beträge, die in einem Jahr für Konsumgüter aufgebracht wurden (privater Verbrauch), zur Summe des Staatsverbrauchs, zur Summe

Die Einkommensverteilung in der BRD
Bilanz 1990 in Mrd. DM

Bruttoeinkommen aus unselbständiger Arbeit von Inländern (Löhne)	1312,61
+ Bruttoeinkommen aus Unternehmertätigkeit und Vermögen von Inländern (Zinsen + Gewinne)	557,12
= Nettosozialprodukt zu Faktorkosten (Volkseinkommen)	1869,73
+ Indirekte Steuern	303,40
- Subventionen	47,69
= Nettosozialprodukt zu Marktpreisen	2125,44
+ Abschreibungen	300,06
= Bruttosozialprodukt zu Marktpreisen	2425,50

aller Investitionen und schließlich zum Außenbeitrag addiert. Umgekehrt läßt sich dadurch feststellen, welcher Bereich einer Volkswirtschaft – die Außenwirtschaft, die Investitionstätigkeit, die Staatstätigkeit oder der Konsum – sich gerade besonders dynamisch entwickelt oder umgekehrt Schwächen zeigt.

3. Das Wachstum

Durch den Vergleich des Sozialprodukts mehrerer Jahre läßt sich feststellen, ob eine Volkswirtschaft wächst. Hat sich das Sozialprodukt im Vergleich zum Vorjahr vergrößert, spricht man von einer wachsenden Wirtschaft; hat es abgenommen, schrumpft die Wirtschaft (was manchmal auch als negatives Wachstum bezeichnet wird); hat sich der Wert nicht verändert, nennt man die Wirtschaft stationär. Bei der Ermittlung der Wachstumsraten ist es wiederum sinnvoll, die Preise eines bestimmten Jahres (Basisjahr) zugrunde zu legen, um die Preissteigerungen auszuschalten, die zu verzerrten Ergebnissen führen. Statt des nominalen läßt sich so das reale Wachstum ermitteln. In den Wachstumsstatistiken wird die Veränderung des Sozialprodukts im Vergleich zum Vorjahr in der Regel in Prozent wiedergegeben.

Ein angemessenes, stetiges Wirtschaftswachstum zu sichern, ist eines der Hauptziele bundesdeutscher Wirtschaftspolitik, die im sog. »*Magischen Viereck*« (Wachstum, Preisstabiliät, Vollbeschäftigung und Außenwirtschaftliches Gleichgewicht) zusammengefaßt sind. Stetig bedeutet, daß die Wirtschaft möglichst kontinuierlich, also ohne große Schwankungen wachsen soll. Unter angemessen ist im Sinne des Stabilitätsgesetzes ein inflationsfreies, möglichst maximales Wachstum zu verstehen, auch im Hinblick auf die Beschäftigung.

Obwohl von Vertretern der Wachstumspolitik immer wieder die Notwendigkeit eines stetigen und möglichst

Die Leistung unser Wirtschaft

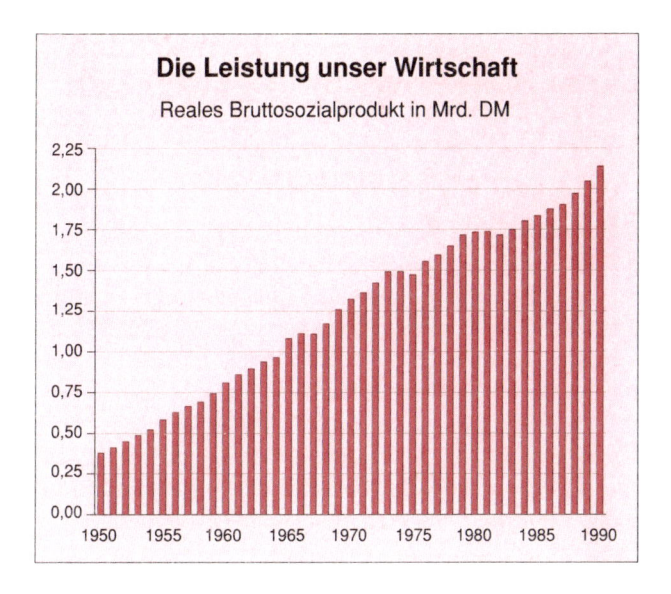

Reales Bruttosozialprodukt in Mrd. DM

großen Wachstums für unsere Marktwirtschaft betont wird, um den Strukturwandel zu bewältigen, die Renten späterer Generationen zu sichern, Arbeitsplätze zu erhalten usw., wird die Kritik an einer solchen rein quantitativen Wachstumsstrategie immer stärker: Das Wirtschaftswachstum bringe vor allem im Umweltbereich erhebliche Nachteile mit sich und zerstöre auf Dauer die Lebensgrundlagen der Menschen. Wachstum um jeden Preis sei deshalb abzulehnen und allenfalls durch ein qualitatives Wachstum (statt mehr, gesündere Nahrungsmittel beispielsweise) zu ersetzen.

X. Die wirtschaftliche Entwicklung der Bundesrepublik Deutschland

1. Das Wirtschaftswunder

Das westdeutsche Wirtschaftswunder der fünfziger Jahre hat nicht nur in Europa Berühmtheit erlangt. Allerdings wäre es nicht ganz zutreffend, die damaligen Erfolge allein der Einführung der Sozialen Marktwirtschaft zuzuschreiben, denn auch die besonderen Rahmenbedingungen im Nachkriegsdeutschland begünstigten die außergewöhnliche Kombination von Wachstum und Preis- bzw. Geldwertstabilität. Trotz der großen Zerstörung waren immer noch zahlreiche Betriebsstätten und Maschinen intakt; aufgrund des Flüchtlingsstromes aus dem Osten gab es genügend gut ausgebildete Arbeitskräfte und – was für die folgenden Jahre am bedeutendsten war – es herrschte eine enorme Nachfrage, insbesondere nach Verbrauchsgütern aller Art. Als es sich nach der Währungsreform wieder lohnte, Güter anzubieten und der Marshallplan die Einfuhr erster Rohstoffe ermöglichte, kam es unter derart guten Absatzbedingungen zu einem enormen Anstieg der Produktion: Bereits 1950 wurde die Produktion des Jahres 1936 um 13 Prozent übertroffen. Aufgrund der großen Nachfrage schnellten jedoch auch die Preise in die Höhe. Viele Menschen fanden noch keine Arbeit: Die Arbeitslosenrate betrug 1950 noch elf Prozent.

Das eigentliche »Wunder« setzte erst nach 1952 ein, als es der Wirtschaft gelang, die vielen Arbeitssuchenden zu integrieren und die Preise zu stabilisieren. Die Gewerkschaften betrieben eine zurückhaltende Lohnpolitik, und die steigende Produktion senkte die Stückkosten, so daß die Unternehmen nicht veranlaßt waren, ihre Güter über die Maßen zu verteuern. Ende der fünfziger Jahre war der Arbeitsmarkt leergefegt, der Geldwert blieb stabil und das reale Bruttosozialprodukt war bereits fünfmal so hoch wie 1947. Die wirtschaftliche Entwicklung wurde durch die Wirtschafts- und Finanzpolitik der fünfziger Jahre unterstützt, indem das Wachstum durch die steuerliche Begünstigung von Investitionen aktiv gefördert wurde. Man liberalisierte den Außenhandel, gab die Bewirtschaftung der Devisen auf und führte die Konvertibilität, d. h. die freie Umtauschbarkeit der D-Mark ein. 1957 hatte man das Gesetz gegen Wettbewerbsbeschränkungen verabschiedet und im Rahmen einer Rentenreform die dynamische Rente eingeführt.

Ab 1960 verschlechterten sich die ökonomischen Rahmenbedingungen allmählich. Arbeitskräfte waren nun knapp und damit teuer. In der Folge stiegen auch die Güterpreise wieder an, und die Unternehmen begannen erste Rationalisierungsmaßnahmen durchzuführen, indem sie vor allem Arbeitskräfte durch Maschinen ersetzten. Gleichzeitig hatte die außergewöhnliche Stabilität der D-Mark zahlreiche Ausländer dazu veranlaßt, ihr Geld in der Bundesrepublik anzulegen. Das so ins Land strömende Geld stimulierte abermals die inländische Nachfrage. Die unterbewertete und damit für Ausländer billige D-Mark veranlaßte darüber hinaus im Ausland einen Run auf deutsche Güter. Die Produktion konnte der in- und ausländischen Nachfrageentwicklung schließlich nicht mehr nachkommen, was sich erneut in Preissteigerungen bemerkbar machte. Zwar lief die Konjunktur ungebrochen gut, doch Mitte der sechziger Jahre hatte die Inflationsrate bereits wieder drei bis vier Prozent erreicht. Die geldpolitischen Mittel der Bundesbank reichten in den Zeiten vollkommener internationaler Verflechtung nicht mehr aus, die Stabilität zu gewährleisten. Versuchte die Bundesbank, die Geldmenge zu beschränken und damit die Konjunktur abzukühlen bzw. die Preissteigerungen zu begrenzen, borgten sich die Banken Geld im Ausland.

2. Die Globalsteuerung

Von Ausnahmen abgesehen, war mit Beginn der sechziger Jahre die Zeit ungewöhnlich hoher Wachstumsraten vorüber, und 1967 erlebte die bundesdeutsche Wirtschaft ihre erste ernsthafte Rezession: Das Wachstum war auf 0,2 Prozent gesunken, die Arbeitslosenquote dagegen wieder auf über zwei Prozent gestiegen. Die sozioökonomischen Bedingungen und damit die Entwicklung der Wirtschaft in der Bundesrepublik glichen sich allmählich den Verhältnissen in anderen Staaten an, und die Verteilungskonflikte nahmen zu. Nicht zuletzt aufgrund der ökonomischen Verschlechterungen und der daraus resultierenden Auseinandersetzungen zwischen FDP und CDU/CSU über die künftige Wirtschaftspolitik zerbrach im Jahre 1966 die konservativ-liberale Koalition: Die Ära Erhard war zu Ende.

Die sozialliberale Nachfolgeregierung beschloß, steuernd in das Wirtschaftsgeschehen einzugreifen, d. h. das geldpolitische Instrumentarium der Bundesbank durch eine antizyklische Finanzpolitik des Staates zu ergänzen. Auf der Basis des Stabilitätsgesetzes sollte die Gesamtnachfrage durch die gezielte Veränderung der Steuern und der staatlichen Ausgaben so beeinflußt werden, daß in Zeiten des Konjunkturaufschwungs bzw. der Inflation die Nachfrage gedämpft, und in den Phasen der Rezession gestärkt wird. Diese nachfrageorientierte Stabilitätspolitik ist unter dem Begriff Globalsteuerung bekanntgeworden. Im Gegensatz zu Erhard, der für mehr Markt und weniger Staat plädierte, setzte man also jetzt auf die Ausdehnung der staatlichen Eingriffsmöglichkeiten. Tatsächlich stiegen die Wachstumsraten 1968 und 1969 wieder auf sechs bis acht Prozent, die Arbeitslosigkeit sank erneut auf unter ein Prozent. Der Konjunktur drohte jedoch bald wieder eine Überhitzung – insbesondere aufgrund der nach wie vor großen Nachfrage aus dem Ausland und der unterbewerteten D-Mark. Aus Rücksichtnahme auf die Exportwirtschaft verzichtete die Regierung jedoch zunächst auf eine Aufwertung der D-Mark. Die Abwehr der importierten Inflation erfolgte somit zu spät, so daß das Preisniveau von 1969 bis 1973 abermals um mehr als ein Drittel anstieg. 1973 wurde schließlich das System fester Wechselkurse aufgegeben, nachdem auch mehrere Aufwertungen die Nachfrage aus dem Ausland nicht hatten bremsen können.

Gleichzeitig aktivierten die Gewerkschaften ihre Lohnpolitik, d. h. die Löhne stiegen und durch die Ausdehnung der Sozialgesetzgebung auch die Lohnnebenkosten. Wiederum reagierten die Unternehmen mit verstärkten Rationalisierungsmaßnahmen, um Arbeitskräfte zu sparen. Trotz allem gingen jedoch ihre Gewinne zurück. Die Folge war ein Rückgang der Nettoinvestitionen, was sich wiederum in einem Rückgang der Beschäftigung bemerkbar machte. In diese Situation platzte die erste Ölpreisexplosion 1973/74 als Folge des Nahostkrieges. Wie auf die gesamte Weltwirtschaft hatte die Ölkrise auch erhebliche Auswirkungen auf die wirtschaftliche Entwicklung in der Bundesrepublik. Die Auslandsnachfrage ging drastisch zurück, die Unternehmen mußten eine Preiswelle bei fast allen Rohstoffen verkraften. Eine tiefe Verunsicherung griff um sich. Dazu kam allerdings, daß jetzt auch die inflationsdämpfenden bzw. konjunkturberuhigenden Maßnahmen von Bundesbank und Bundesregierung (restriktive Geldpolitik; Investitionsabgaben; Stabilitätsabgaben für höhere und mittlere Einkommen) wirksam wurden. Aus der Konjunkturberuhigung wurde in dieser Situation eine scharfe Rezession. 1975 überstieg die Zahl der Arbeitslosen die Millionengrenze; die Wachstumsrate ging 1974 auf 0,2 Prozent zurück, und 1975 sank das Bruttosozialprodukt sogar um 1,4 Prozent.

Auch wenn sofort Gegenmaßnahmen ergriffen wurden, also für Investitionen nun wieder Zulagen gewährt, den Unternehmen Lohnkostenzuschüsse und den Arbeitnehmern Mobilitätszulagen gezahlt wurden, und die staatliche Investitionstätigkeit durch Sonderprogramme verstärkt wurde, konnte sich die deutsche Wirtschaft nicht vollständig von der weltweiten Krise abkoppeln. Zwar kam der Aufschwung, und die Wirtschaft wuchs wieder, doch die Arbeitslosenrate blieb hoch. Die zweite Ölpreisexplosion 1979/80 zerstörte jedoch, was gerade erst begonnen hatte. Die Konjunktur kippte abermals um, eine weitere Inflationswelle wurde ausgelöst.

3. »Die Wende«

Im Herbst 1982 setzte mit dem Koalitionswechsel der FDP eine neue Phase der Wirtschaftspolitik ein, die sich erneut auf den Nenner »mehr Markt und weniger Staat« bringen läßt. CDU/CSU und FDP traten mit dem Versprechen an, Staatsverschuldung und Arbeitslosigkeit abzubauen. Die Konsolidierung des Bundeshaushaltes sollte vor allem durch eine radikale Kürzung der Sozialleistungen erreicht werden. So wurden im sozialen Bereich allein 1984 rund 18 Milliarden Mark eingespart. Gleichzeitig sollte mit Hilfe der großen Steuerreform die Leistungsfähigkeit der Unternehmen gestärkt werden. Sie kamen in den Genuß erheblicher Steuererleichterungen. Die so entstandenen Mindereinnahmen wurden 1983 durch die Erhöhung der Mehrwertsteuer und einiger Verbrauchssteuern ausgeglichen. Die Gebietskörperschaften wurden auf einen radikalen Sparkurs getrimmt. Trotz beachtlicher Einsparungen gelang es nicht, die absolute Schuldenlast des Bundes zu verringern, lediglich die Neuverschuldung konnte von rund 37 Milliarden DM im Jahr 1982 auf etwa 22 Milliarden DM im Jahr 1985 reduziert werden.

Diese Politik, die vor allem auf die Begünstigung der Unternehmen bzw. die Verbesserung der Investitionsbedingungen ausgerichtet ist, nennt man *angebotsorientierte Wirtschaftspolitik*, während die Globalsteuerung, wie erwähnt, die Nachfrage beeinflussen wollte.

Die Konsolidierung des Haushaltes beinhaltete die Gefahr, daß die ohnehin schwache Kaufkraft bzw. Nachfrage weiterhin geschwächt würde. Tatsächlich nahm das verfügbare Einkommen der Arbeitnehmer 1983 und 1984 ab und 1985 nur minimal zu. Dennoch wirkten sich die Einkommensverluste nicht negativ auf die Nachfrage aus: Wider Erwarten nahm die Verbrauchernachfrage sogar zu – ein Phänomen, das damit erklärt wurde, daß die Zeit des Angstsparens inzwischen vorüber war.

1983/84 setzte allmählich ein schwacher Aufschwung ein, zumal seit 1983 auch die Auslandsaufträge wieder zunahmen. Ab 1984 diente die Exportwirtschaft als Konjunkturmotor. Die wirtschaftliche Entwicklung änderte sich grundlegend, als ab 1985 der Verfall des Dollars begann. Zwar implizierte der von den USA beabsichtigte Kursverfall des Dollars zugleich eine Aufwertung der D-Mark, was deutsche Exporte im Verhältnis zu amerikanischen verteuerte und damit die Exportmöglichkeiten verschlechterte, doch wurden andererseits die Importe erheblich günstiger. So waren die Importgüter 1986 um rund 20 Prozent billiger als 1985 – eine beträchtliche Kostenminderung, die die Unternehmen teilweise an die Konsumenten weitergaben. Zum erstenmal seit 1953 sank das Preisniveau, was einer Erhöhung der Realeinkommen und damit einem Kaufkraftanstieg der Arbeitnehmer gleichkam, obwohl das Nominaleinkommen kaum gestiegen war. Parallel zum Kursverfall des Dollars kam es zum Verfall der Rohölpreise, nachdem die OPEC 1985 nahezu zerbrochen war. In Kombination mit dem Fall des Dollars wurde Öl innerhalb eines Jahres um mehr als die Hälfte billiger, bis die Preise schließlich ganz in den Keller sackten. Die Wirkungen der Ölkrisen von 1973/74 und 1979/81 kehrten sich nun um.

Trotz der günstigen Entwicklung, insbesondere in der Außenwirtschaft, und der massiven wirtschaftspolitischen Unterstützung der Unternehmen, blieb ihre Investitionstätigkeit zunächst weit hinter den Erwartungen zurück. Obwohl die Zahl der Arbeitsplätze gestiegen war, nahm die Arbeitslosigkeit in der Folge sogar weiter zu – nicht zuletzt aufgrund des wachsenden Zustroms von Aus- und Übersiedlern in die Bundesrepublik. Erst 1988 kam die Konjunktur stärker in Schwung, und 1989 sank die Zahl der Arbeitslosen erstmals wieder unter die 2-Millionen-Grenze. Nach dem Zusammenbruch des DDR-Regimes im November 1989 und der deutschen Wiedervereinigung änderte sich die Lage jedoch grundlegend.

4. Die gespaltene Wirtschaft

Als am 1. Juli 1990 die Wirtschafts- und Währungsunion in Kraft trat, war zumindest innerhalb der Regierung die Zuversicht groß, mit der Einführung der Wunderwaffe D-Mark saniere sich die ostdeutsche Wirtschaft sozusagen von alleine. Man war der Ansicht, die neuen Bundesländer benötigten lediglich eine Starthilfe bzw. Anschubfinanzierung, um sich unter Ausnutzung der Marktkräfte in wenigen Jahren in blühende Wirtschaftszentren zu verwandeln. Ein Jahr später ging es der ostdeutschen Wirtschaft allerdings schlechter denn je. Bereits 1990 war das Bruttosozialprodukt in den neuen Bundesländern um 13 Prozent gesunken, 1991 wird es Schätzungen zufolge um weitere 21 Prozent abnehmen. Besonders schwerwiegend sind die Einbrüche in der Industrie, wo die Produktion seit der Wirtschafts- und Währungsunion um 70 Prozent zurückgegangen ist.

Genügten im zweiten Halbjahr 1990 noch 50 Milliarden Mark Transferleistungen aus dem Westen, um das Schlimmste zu verhindern, werden es 1991 zwischen 140 und 150 Milliarden Mark sein, die nach Ostdeutschland fließen. Von Monat zu Monat steigt der Preis für die deutsche Einheit, muß der Termin für einen Aufschwung im Osten hinausgeschoben werden. Entgegen allen Prognosen und trotz erheblicher Vergünstigungen gelang es nicht, die ehemalige DDR zu einem attraktiven Investitionsraum für Privatunternehmer zu machen. Eigentumsrechtliche Unsicherheiten, eine ungeübte Verwaltung, die mangelhafte Infrastruktur und Umweltprobleme gelten als die wichtigsten Investitionshemmnisse. Kritisiert wird in diesem Zusammenhang aber auch die von den Gewerkschaften in Ostdeutschland betriebene Lohnpolitik, die bis 1994 eine Angleichung an westdeutsches Lohnniveau anstrebt, ohne daß der große Abstand in der Produktivität berücksichtigt würde.

Während die neuen Bundesländer zum ökonomischen Notstandsgebiet erklärt wurden, profitierten die westdeutschen Unternehmen kräftig vom Einigungsprozeß. Die riesige Nachfrage der ehemaligen DDR-Bürger richtete sich – weil es an wettbewerbsfähigen Produkten aus dem Osten mangelte – zum weitaus größten Teil auf Konsumgüter aus dem Westen. Die Konjunktur wurde kräftig angeheizt. Die Nachfrage konnte von den westdeutschen Unternehmen nicht mehr befriedigt werden, so daß die Importe erheblich ausgedehnt wurden: 1990 um elf Prozent. Insgesamt wuchs das reale Bruttosozialprodukt in den alten Bundesländern 1990 um 4,6 Prozent nach 3,9 Prozent Wachstum im Jahr zuvor. Etwa die Hälfte des Zuwachses ist auf den Einigungsboom zurückzuführen. Das Bruttosozialprodukt im Osten erreichte mit knapp 210 Milliarden Mark gerade acht Prozent des westlichen. Durch die günstige wirtschaftliche Entwicklung in Westdeutschland hat sich hier auch die Beschäftigungslage verbessert: Mit 5,8 Prozent hat die Arbeitslosenquote im Juni 1991 das niedrigste Niveau seit zehn Jahren erreicht. Ganz im Gegensatz dazu droht in Ostdeutschland aufgrund der Betriebsschließungen und Rationalisierungsmaßnahmen eine Massenarbeitslosigkeit kaum vorstellbaren Ausmaßes. Fast jeder zweite Bürger im arbeitsfähigen Alter wird aller Voraussicht nach arbeitslos oder Kurzarbeiter, ohne daß Hoffnung auf eine Verbesserung der Lage besteht.

Nach dem Einigungsboom droht nun aber auch der westdeutschen Wirtschaft Gefahr: Die Geldmengenausdehnung im Zuge der Währungsreform, die nach Auffassung zahlreicher Experten zu üppig ausgefallen ist, die wachsenden Defizite im Staatshaushalt, die beträchtlichen Steuererhöhungen, der Lohndruck und der stürmische Kursanstieg des Dollars sorgen für einen erheblichen Inflationsschub. Im Juni 1991 stieg die Inflationsrate in Westdeutschland auf über vier Prozent.

Gleichzeitig soll, so die Vorhersagen der Wirtschaftsinstitute, das Wachstum des realen Bruttosozialprodukts auch im Westen erheblich zurückgehen. Angesichts des Produktionseinbruchs in Ostdeutschland droht dem vereinigten Deutschland eine Art Stagflation, also die Kombination von Wachstumsschwäche und Preisgalopp. Die Möglichkeiten des Bundes, stabilisierend einzugreifen, sind angesichts der ausgesprochen hohen Staatsverschuldung begrenzt. Insgesamt erreichte der Schuldenturm der öffentlichen Haushalte 1990 die sagenhafte Höhe von 1053 Milliarden Mark, die Neuverschuldung für 1991 wird von der Regierung mit 205,6 Milliarden Mark angegeben und soll dann langsam gesenkt werden.

Trotz des gigantischen finanziellen Kraftaktes zur Sanierung der ehemaligen DDR-Wirtschaft ist es bislang nicht gelungen, die wirtschaftliche Entwicklung in Ost- und Westdeutschland aneinander zu koppeln und eine Angleichung der Lebensverhältnisse zu erreichen. Im Gegenteil: Die Wirtschaftsentwicklung ist weiterhin gespalten, der ökonomische Abstand zwischen Ost und West könnte durch die Arbeitslosigkeit im Osten weiter zunehmen.

Weiterführende Literatur

Ashauer, Günter: Grundwissen Wirtschaft. Stuttgart 1988.
Barnikel, Hans-Heinrich: Marktwirtschaft, Kartelle, Konzentration, Kontrolle. Heidelberg 1989.
Bohling, Wolfgang, Masberg, Dieter (Hrsg.): Lexikon Wirtschaftspolitik. München 1986.
Grosser, Dieter; Lange, Thomas; Müller-Armack, Andreas; Neuss, Beate: Soziale Marktwirtschaft, Geschichte – Konzept – Leistung. Stuttgart, Berlin, Köln 1990/2.
Grosser, Dieter (Hrsg.): Der Staat in der Wirtschaft der Bundesrepublik. Opladen 1985.
Henrichsmeyer, Wilhelm; Gans, Oskar; Evers; Ingo: Einführung in die Volkswirtschaftslehre. Stuttgart 1988[8]
Hensel, K. Paul: Grundformen der Wirtschaftsordnung, Marktwirtschaft-Zentralverwaltungswirtschaft. München 1978/3.
Woll, Artur: Allgemeine Volkswirtschaftslehre. München 1990[10]

Broschüren zum Thema Wirtschaft und Marktwirtschaft sind u. a. erhältlich bei:

den Banken
dem Bundesministerium für Wirtschaft/Bonn
der Bundeszentrale für politische Bildung/Bonn
den Landeszentralen für politische Bildung.

Stichwortregister

A

Abschreibungen 85
Agrarmarkt 16
Allokation der Ressourcen 8, 59
Angebot 14, 20, 22, 25f, 36f, 40ff
Angebots
-funktion, gesamtwirtschaftliche 30
-kurve 27
-monopol 17
-oligopol 17
-überschuß 38
Anlagenverschleiß 84f
Arbeiterparteien 44
Arbeitgeberverband 49f
Arbeitsangebotskurve 49
Arbeitskraft 80
Arbeitslosenquote 45, 47f, 66, 90, 92, 94, 97
Arbeitslosigkeit s.a. Massenarbeitslosigkeit 44, 46f, 49f, 51f, 66, 98
Arbeitsmarkt 46–49
– Nachfragemonopole 49
Arbeitsschutz 44
Arbeitsteilung grenzüberschreitende 60
Außenbeitrag 65
Außenhandel 63, 65ff, 91
Außenwirtschaft 88, 96
Außenwirtschaftliches Gleichgewicht 88
Auslandsgüter 66

B

Banken 71
Bankkonto 69
Bargeld 69f
Beschäftigungsquote 48
Boom 52, 56, 66, 82
Brutto-Inländer-Produkt 84
Bruttoinlandsprodukt 84
Bruttoproduktionswert 84
Bruttosozialprodukt (BSP) 84ff, 91, 93, 96ff
Buchgeld 69, 73f, 78f
Budgetinflation 77

Bundesbank 56, 71–74, 78f, 91ff
Bundeshaushalt, Konsolidierung des 94

D

Deflation 76, 78
Depression 52, 56, 65f, 75, 78
Devisen 62, 67f
Dienstleistungsbilanz 67
Diskontpolitik 78f
-satz 79

E

Einigungsboom 97f
Einkommensbildung 82
Elastizität von Angebot und Nachfrage 41f
Entwicklungsland 63
Ersatzinvestition 85
Erstes Gossensches Gesetz 23
Ertragszuwachs 28
Erwerbsperson 48
Export 60, 66, 68, 93, 95
Externe Effekte / Kosten 58f

F

Festgeldkonto 69
Finanzpolitik 91f
Forderung 14f
Freihandel 63
Fusion 32
Fusionskontrolle, vorbeugende 33

G

Geldarten 69
Geldfunktion 69f
Geldmenge 70, 73–76, 91
Geldmengen 75, 98
-ausdehnung im Zuge der Währungsreform 98
Geldpolitik 78
Geldschöpfung 71
Geldvolumen 70

Geldwertstabilität 72, 74ff, 90
Gesamtkosten 28f
Gesamtnachfrage 51
Geschäftsbank 71ff, 79
Gesetz
– der komparativen Kostenvorteile 60
– des abnehmenden Ertragszuwachses 28
– des abnehmenden Nutzenzuwachses 23
– gegen Wettbewerbsbeschränkungen 91
Gewerkschaft 44, 50, 77, 90, 93
Gewinndefinition 26
Gewinnmaximierung 9, 25
Giralgeld 69
Girokonto 69, 72
Gleichgewichts
-lohn 47
-menge 37
-preis 37, 42
-zinssatz 72
Globalsteuerung 92, 95
Grenzkosten 29
Grenzumsatz 29
Güter 15, 22f
– freie 57
– Grundgüter 22
– Investitionsgüter 15
– Konsumgüter 15
– Sachgüter 15
Güterkombination, optimale 24
Gütermarkt 16, 18, 31
Güterversorgung, optimale 31

H

Hamsterkauf 54
Handelsbilanz 67
Hochkonjunktur 52, 78
Hypothekenbank 71

I

Import 60, 65, 95
Industrieland 63f
Inflation 52, 66, 76ff, 91–94, 98
Infrastruktur 60, 97
Innovation 18
Input 25
Investition 80, 88, 96f

K

Kapitalbilanz 67f
Kapitalmarkt 16
Kartell 33, 35
-amt 35
-gesetz 33
Kaufkraftanstieg 95
Konjunktur 51f, 56, 66, 91–94, 96
-zyklus 51, 56
Konkurrenz 16f, 31
Konsum 88
Kontigentierung 65
Konvertibilität der D-Mark 91
Konzentration 32
Konzerne 32
Kosten 25, 28ff, 61ff, 77
– fixe 28
– variable 28
Kreditinstitut 71
Kreditvergabe 72, 79
Kreditwirtschaft 72

L

Landeszentralbank 72
Leistungsbilanz 68
Lenkungsproblem 8
Liquiditätsnähe 70
Lohn-Preis-Spirale 77
Lohninflation 77
Lohnkostenzuschuß 94
Lohnnebenkosten 93
Lohnpolitik 90, 93, 97
Lombardkredit 79
Lombardpolitik 78
Lombardsatz 79

M

»Magisches Viereck« 88
Markt 12, 14, 16, 19f, 35, 44, 60
Marktgleichgewicht 36, 38ff, 53, 55
Marktmechanismus 11, 51, 56
Marktpreis 11, 27, 30, 36, 85
Marktprozeß 55, 59
Marshallplan 90
Maximalprinzip 10
Mehrwertsteuer 94
Mindestlohn 49
Mindestproduktion 29

Mindestreservepolitik 78
Mindestreservesatz 78f
Minimalprinzip 10
Mitbestimmung 45
Mobilitätszulage 94
Monopol 16, 18

N

Nachfrage 14, 20, 22, 24, 36, 38, 40ff
Nachfragekurve 21, 27, 39f
Nettosozialprodukt 85f
Neue Armut 46
Nominaleinkommen 95
Notenbank 71
-kredit 77

O

Offen-Markt-Politik 78f
Ökonomische Aktivitäten 82
Ökonomische Transaktionen der Volkswirtschaft 14, 60, 80
Ökonomische Zusammenhänge 12
Oligopol 16, 18
Output 25f

P

Planwirtschaft 9, 12
Polypol 16
Preis 42f, 59, 88, 90
– Absprache 33
– Bildung 36
Preiselastizität von Angebot und Nachfrage 41
Preisindex für die Lebenshaltung 74
Preisniveau 51, 74, 76, 83, 95
Preisstabilität 88, 90
Produktinnovation 31
Produktion 25f, 28f, 42f, 51, 56, 75, 82
Produktionsfaktoren 16, 28, 30f, 43
– Anpassungsflexibilität der 31
Protektionismus 65

Q

Quantitätstheorie 74

R

Realeinkommen 95
Ressourcen 56f, 59
Rezession 52, 66f, 78, 82, 92
Rohstoffe, nicht erneuerbare 57
Rohstoffmarkt 14, 16

S

Schenkungsbilanz 67
Sorten 67
Soziale Frage 44f
Soziale Gerechtigkeit 13
Soziale Marktwirtschaft 12f, 90
Sozialhilfe 45
Sozialpolitik des Staates 13, 44
Sozialprodukt 82ff, 87f
Sozialversicherung 45
Sparkonto 69
Staatstätigkeit 88
Staatsverschuldung 98
Stabilität, Förderung der wirtschaftlichen 56
Stabilitätsgesetz 55, 92
Stabilitätspolitik, nachfrageorientierte 92
Stagflation 53, 98
Stagnation 52
Statistisches Bundesamt 83
Steuerreform 94
Substitution, Grenzrate der 24
Subvention 65, 86

T

Tarifautonomie 45, 50
Tarifvertrag 49f
Tauschbeziehung 14
Termineinlage 69
Terms of Trade (ToT) 63f

U

Übertragungsbilanz 67
Umsatz 26f, 29
Umweltschädigung 56, 58f, 97
Ungleichgewicht des Marktes 37, 51
Unternehmenskonzentration 32f, 35
Unternehmerinitiative 13

V

Verbindlichkeit 14
Verfahrensinnovation 31
Verteilungsrechnung 86
Volkseinkommen 86f
Volkswirtschaftliche Gesamtrechnung 80f
Vollbeschäftigung 47, 88

W

Wachstum 42, 53, 88f, 92f
Währung 62, 69ff, 74, 90, 98
Wechsel 79
Wechselkurs 62, 64, 93
Welthandel, ungleicher 63
Weltwirtschaft 60
Werbung 20
Wertpapierbörse 15
Wertschöpfung 86
Wettbewerb 31ff, 36, 43, 43
Wirtschaftliche Entwicklung der Bundesrepublik 90ff
Wirtschafts- und Währungsunion 96
Wirtschaftskreislauf 80
Wirtschaftskrise 52
Wirtschaftsordnung 11, 13
Wirtschaftspolitik 91, 95
Wirtschaftssubjekt 9
Wirtschaftssystem 11
Wirtschaftsverfassung 11
Wirtschaftswunder 90
Wohlfahrtsmaximierung 9

Z

Zahlungsbilanz 65, 67f
Zentralbank 62, 71
Zentralverwaltungswirtschaft 9
Zinspolitik 62
Zinssatz 72
Zoll 65

Verzeichnis der Grafiken

Die Funktionsweise der sozialen Marktwirtschaft 6/7
Marktwirtschaft und Planwirtschaft 10
Marktformen 17
Die Güternachfragefunktion eines Haushaltes 21
Die Angebotsfunktion eines Unternehmens 27
Konzern 34
Fusion 34
Kartell 34
Das Marktgleichgewicht 37
Die Regulationskraft des Preises 38
Das soziale Netz 45
Arbeitslosigkeit in Ost und West 46
Der Konjunkturverlauf 53
Konjunkturwellen in der BRD 1950–1990 54
Die Innovationsphasen der Weltkonjunktur 55
Die Belastung der Umwelt 57
Handelsbilanzen der BRD 61
Die Leistungsbilanz der BRD 68
Der Zusammenhang zwischen Sparen und Investieren 73
Jährliche Preisveränderungsraten 76
Der Wirtschaftskreislauf 81
Das Sozialprodukt 83
Das Bruttosozialprodukt der BRD 85
Die Einkommensverteilung in der BRD 87
Die Leistung unserer Wirtschaft 89

Stichwort

Die neue Informationsreihe im Heyne-Taschenbuch

Die ersten sechs:

- EG
- Deutschland
- GUS: Völker und Staaten
- Marktwirtschaft
- Asylrecht
- Psychotherapien

In Vorbereitung:

- Geheimbünde
- Islam
- Börse
- Klima
- Die Katholische Kirche
- UNO